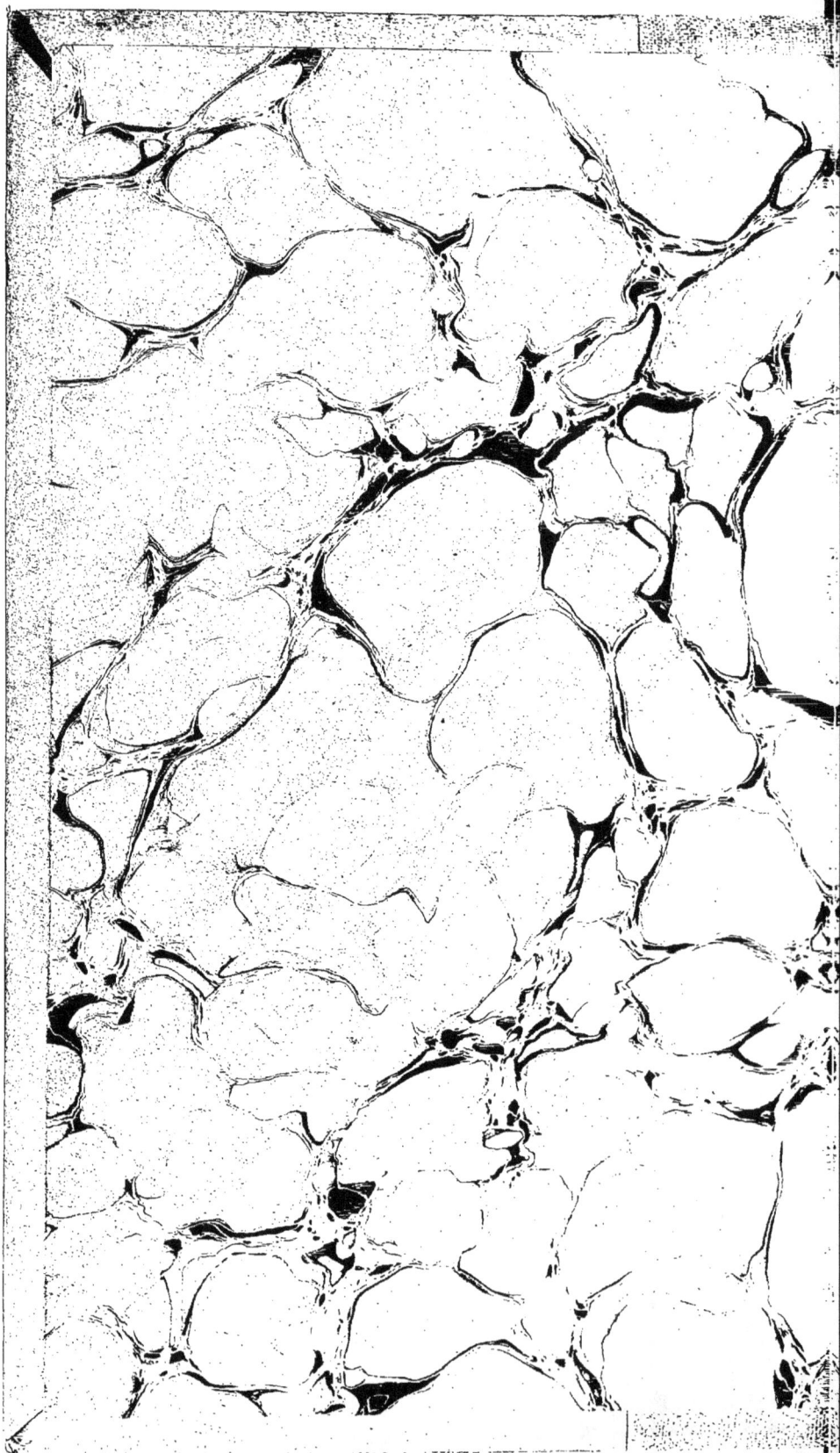

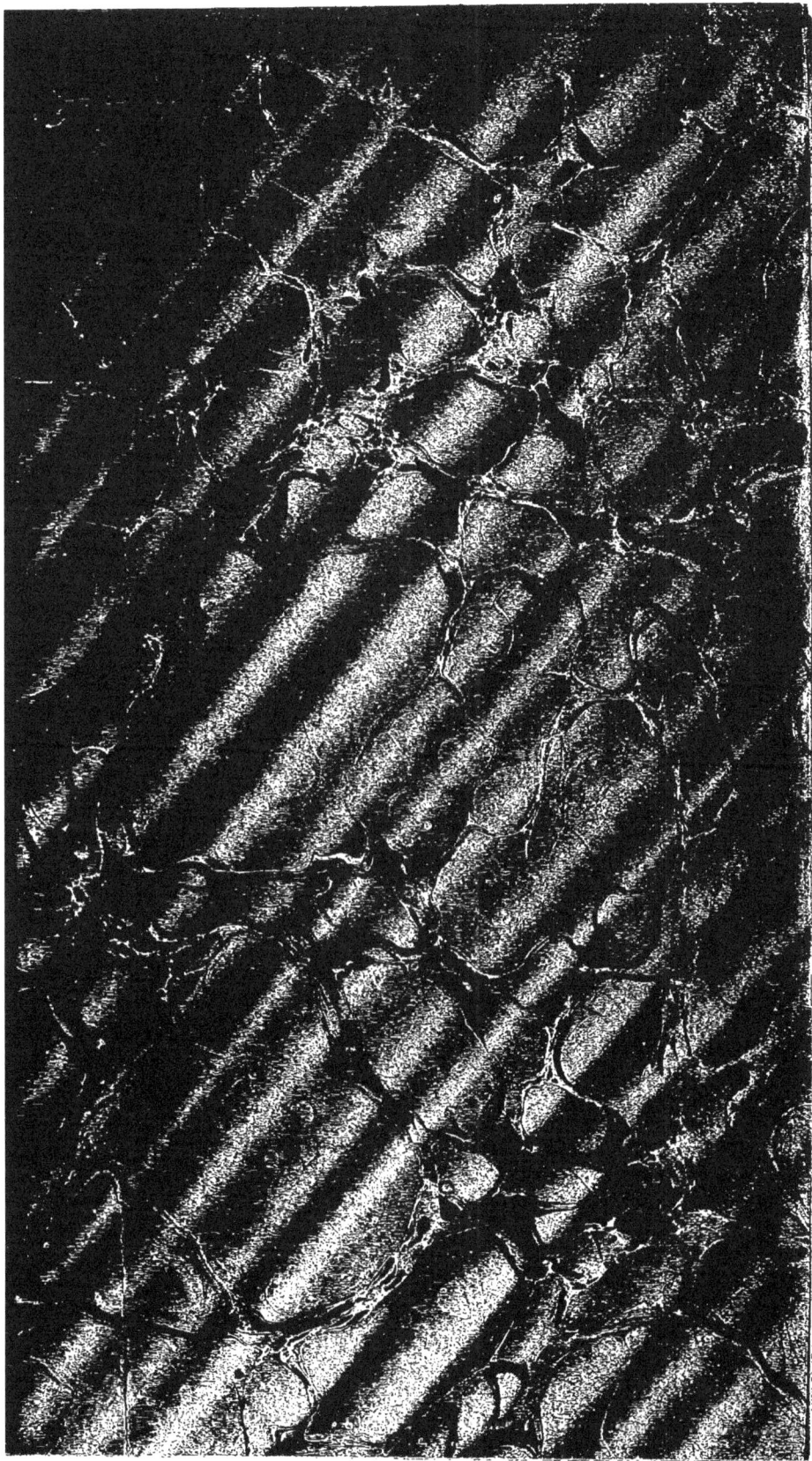

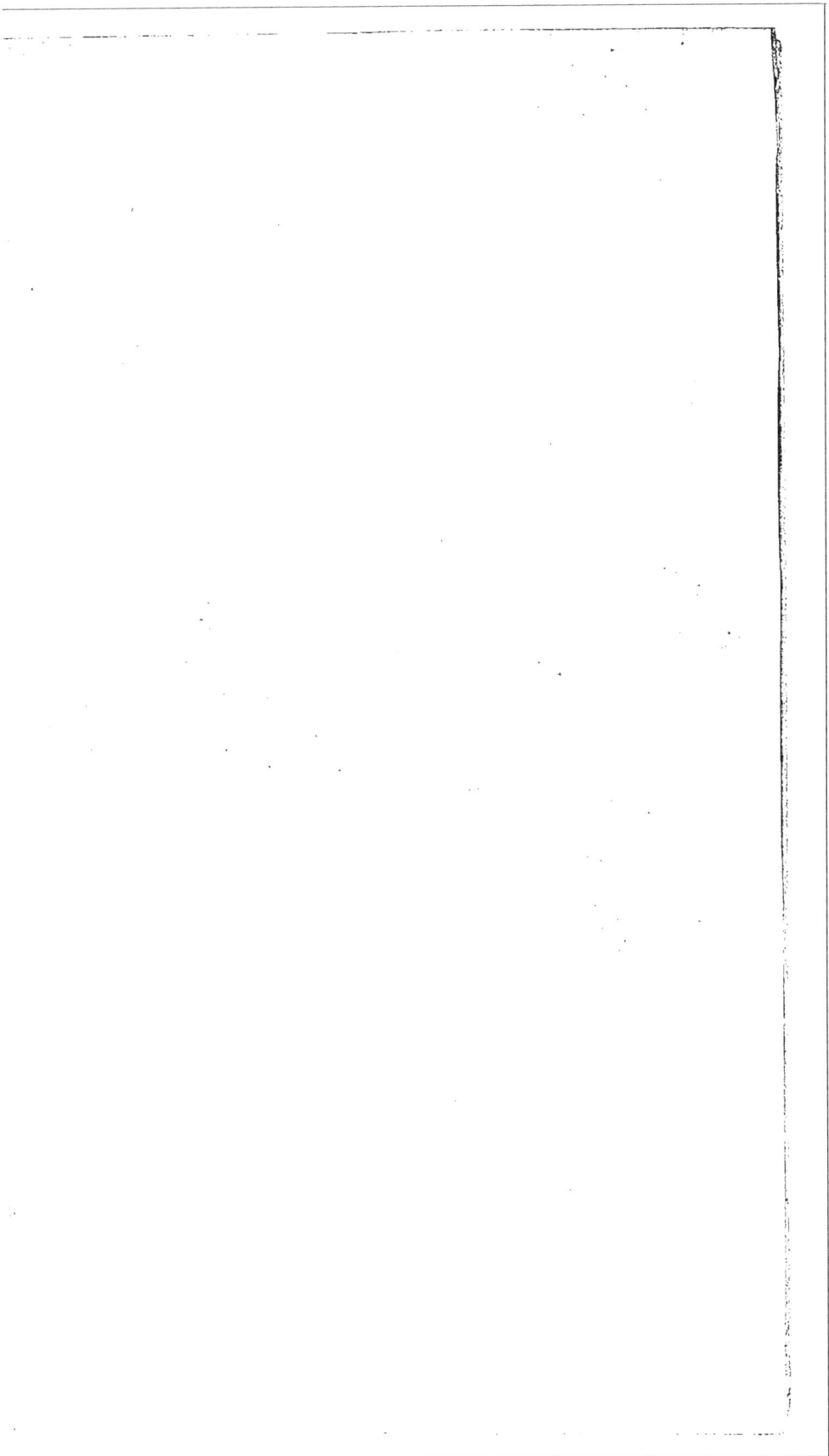

LES

MERS

POLAIRES

Par C. FALLET

ROUEN

MÉGARD ET Cⁱᵉ, LIBRAIRES-ÉDITEURS

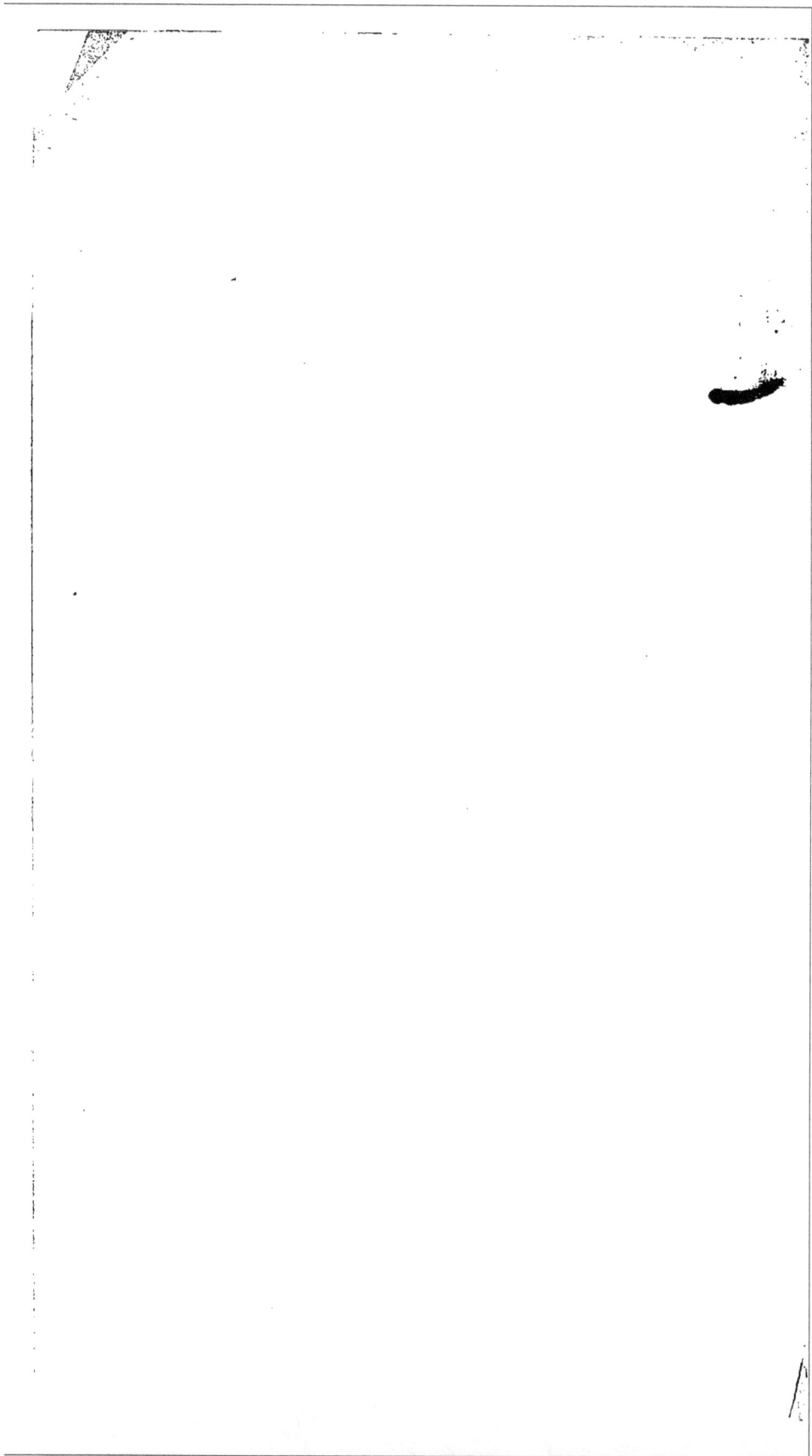

BIBLIOTHÈQUE MORALE

DE

LA JEUNESSE

—

3e SÉRIE IN-8°

L'ivernage dans les glaces.

LES

MERS POLAIRES

Par C. FALLET

ROUEN

MÉGARD ET Cᵉ, LIBRAIRES-ÉDITEURS

1883

MERS POLAIRES.

—o◦⊂⊃◦o—

I.

Coup d'œil sur les Mers.

On donne le nom d'Océan ou de mer à l'immense nappe d'eau qui couvre de ses ondes salées plus des deux tiers de notre globe. Il n'y a, en réalité, qu'une seule mer, qui entoure d'une ceinture flottante les continents et les îles; mais on donné différents noms aux diverses parties de ce grand tout, afin de pouvoir les indiquer plus facilement.

L'océan Atlantique est ainsi appelé parce qu'il baigne le pied occidental du mont Atlas, qui formait autrefois la limite du monde connu. Il s'étend, du nord au sud, entre les deux cercles polaires, et, de l'ouest à l'est, entre l'Amérique d'un côté, l'Europe et l'Afrique de l'autre. Il est si vaste, qu'il se subdivise, d'après la situation qu'il occupe, en océan Atlantique équinoxial, boréal et austral. Il forme, en outre, sur les côtes qu'il baigne plusieurs mers secondaires et plusieurs golfes.

Le Grand-Océan ou le Pacifique, plus vaste encore que l'Atlantique, baigne la côte occidentale de l'Amérique, la côte orientale de l'Asie, et renferme la plus grande partie de l'Océanie.

L'océan Indien, moins étendu que l'Atlantique et le Pacifique, baigne l'Asie, l'Afrique et l'Océanie.

Les mers polaires s'étendent autour des deux pôles. Celle du nord est appelée océan Glacial arctique ou boréal, et celle du sud océan Glacial antarctique ou austral.

Les petites mers communiquent avec la grande mer unique ou l'Océan, soit par de larges ouvertures, soit par des passages resserrés, qu'on nomme détroits, à l'exception de quelques lacs salés, que la masse des eaux a laissés au milieu des continents, lorsqu'elle s'en est retirée : telles sont la mer Caspienne et la mer Morte, qui n'ont avec l'Océan aucune communication apparente.

L'eau par elle-même est incolore ; mais en masse elle semble prendre des teintes différentes. Quand elle reflète un ciel pur, elle est d'un bleu limpide ; quand, au contraire, les nuages sont en grand nombre, elle paraît verdâtre. Dans les endroits où elle est peu profonde, elle emprunte la couleur des sables qui forment son lit, celle des bancs de corail qu'elle recouvre, des plantes qui croissent sur ses plages ou des petits animaux dont elle nourrit les innombrables légions.

L'eau des mers est remarquable par sa transparence, non quand on la regarde de près, mais quand on l'examine d'une certaine hauteur. Le mousse, perché sur les vergues, voit souvent le fond de l'Océan ; et dans les mers polaires, le matelot placé en vigie distingue, entre les îles de glace qu'il voit s'avancer vers le navire, les eaux limpides sur lesquelles flottent ces îles menaçantes. Toutefois le plongeur qui pénètre dans les mers profondes ne jouit pas longtemps de la lumière du soleil ; à mesure qu'il s'enfonce, le jour fait place à un crépuscule rougeâtre, et ce crépuscule à la sombre nuit.

La profondeur des Océans varie beaucoup. Celle de l'Atlantique est la mieux connue, du moins dans les parties les plus fréquentées. De nombreux sondages y ont été opérés par des navigateurs de toutes les nations, à la prière du président de l'Observatoire de Washington, le commandant Maury, devenu célèbre par les grands services qu'il a rendus à la marine. Une carte dressée par ses soins montre que, sur certains points, la profondeur de cette mer reste inférieure à deux kilomètres, tandis que sur d'autres elle en atteint sept.

« Si les eaux se retiraient, dit-il, de cette entaille profonde qui sépare les continents, le squelette de la terre ferme serait en quelque sorte mis à nu, et, parmi les lignes tourmentées du fond de la mer, on découvrirait peut-être les restes d'innombrables naufrages. Alors apparaîtrait ce terrible mélange d'ossements humains, de débris de toutes sortes, d'ancres pesantes, de perles précieuses, dont l'image fantastique a troublé bien des songes. »

Les autres Océans ont été beaucoup moins parcourus, par conséquent beaucoup moins étudiés; cependant on croit que la profondeur moyenne des mers, en général, n'excède pas neuf kilomètres, c'est-à-dire qu'elle ne dépasse guère la hauteur des montagnes les plus élevées de notre globe.

Le fond de la mer présente autant d'inégalités que la surface de la terre. On y trouve des hauteurs, des vallées, des plaines, des rochers, dont la tête, lorsqu'elle s'élève jusqu'aux couches supérieures de l'eau, peut occasionner de terribles naufrages. On y rencontre des courants, des gouffres, des volcans, dont les explosions ébranlent au loin les ondes, et parfois donnent naissance à des îles nouvelles.

En été, la température des mers est plus froide que celle de la terre; en hiver, elle est plus chaude. La surface solide du globe s'échauffe plus vite que sa surface liquide; mais celle-ci se refroidit plus lentement, parce que les rayons du soleil l'ont pénétrée, et que les couches ainsi échauffées montent peu à peu vers l'extérieur.

A une certaine profondeur, la température de l'Océan est la même sous toutes les latitudes ; on peut en conclure que dans les mers polaires, l'eau est plus chaude à mesure qu'on y descend, et que dans les mers équatoriales, elle se refroidit sensiblement.

Cependant la température des eaux ne s'abaisse pas au-dessous de quatre degrés. Si elle allait se refroidissant toujours, le fond de l'Océan ne serait pas, comme il l'est, peuplé de plantes et d'animaux, en telle profusion que nos prairies et nos forêts, comparées à celles de la mer, sont vides et désertes.

La mer renferme d'innombrables êtres vivants, depuis la baleine, auprès de laquelle le géant de la terre, le monstrueux éléphant, n'a que de médiocres proportions, jusqu'à l'infusoire, qu'on ne peut découvrir qu'à l'aide du microscope. Une multitude de poissons, de toutes formes et de toutes grandeurs, se jouent près de la surface des eaux ; ils se combattent, se poursuivent, disparaissent un instant, pour reparaître plus loin. Les uns vivent isolés, d'autres en familles ; d'autres encore voyagent en troupes immenses, et parfois occupent un si grand espace, qu'on les prendrait pour des îles flottantes. Ce que les grands animaux marins en dévorent, ce que les pêcheurs en prennent, est incalculable ; cependant leur nombre ne diminue pas, tant leur fécondité est grande.

Des mollusques, ainsi nommés parce qu'ils n'offrent au toucher qu'une substance molle, sans os ni arêtes, empruntent aux eaux de la mer le carbonate de chaux et la silice qu'elles tiennent en dissolution; et de ces matériaux inépuisables, ils se font des carapaces ou des coquilles. L'anémone, le souci de mer, le polypier, le corail, étalent leurs corolles roses, jaunes, blanches ou semblables aux fleurs des pommiers et des pêchers, et ces corolles sont des bras, à l'aide desquels ces fleurs animées saisissent leur nourriture.

C'est surtout dans les eaux des chaudes latitudes que se développent ces êtres qui sont tout à la fois des animaux et des plantes, et qu'on désigne sous le nom de zoophytes.

« Si nous plongeons nos regards dans le liquide cristal de l'océan Indien, dit Schleiden, nous y voyons réalisées les plus merveilleuses apparitions des contes féeriques de notre enfance: des buissons fantastiques portent des fleurs vivantes, des massifs de méandrines et d'astrées contrastent avec les explanarias touffus qui s'épanouissent en forme de coupes, avec les madrépores à la sculpture élégante, aux ramifications variées. Partout brillent les plus vives couleurs; les verts glauques alternent avec le brun et le jaune; de riches teintes pourprées passent du rouge vif au bleu le plus foncé. Des nullipores roses, jaunes ou nuancées comme la pêche, couvrent les plantes flétries et sont elles-mêmes enveloppées du tissu noir des

rétipores, qui ressemblent aux plus délicates découpures
d'ivoire. A côté se balancent les éventails jaunes et lilas
des gorgones, travaillés comme des bijoux de filigrane.
Le sable du sol est jonché de milliers de hérissons
et d'étoiles de mer, aux formes bizarres, aux couleurs
variées....

« Semblables à de gigantesques fleurs de cactus,
brillantes des plus ardentes couleurs, les anémones
marines ornent les anfractuosités des rochers de leurs
couronnes de tentacules, ou s'étendent au fond comme
un parterre de renoncules variées. Autour des buissons
de corail, jouent les colibris de l'Océan, petits poissons
étincelant tantôt d'un éclat métallique rouge ou bleu,
tantôt d'un vert doré ou du plus éblouissant reflet
d'argent.

« Et toute cette vie merveilleuse nous apparaît au
milieu des plus rapides alternatives de lumière et d'ombre
qu'amènent chaque souffle, chaque ondulation qui rident
la surface de l'Océan. Lorsque le jour décline et que les
ombres de la nuit descendent dans les profondeurs, ce
jardin délicieux s'illumine de splendeurs nouvelles. Des
méduses et des crustacés microscopiques, semblables à
des lucioles, font étinceler les ténèbres. La pennatule qui,
le jour, est d'un rouge cinabre, flotte dans une lumière
phosphorescente. Chaque coin rayonne. Tout ce qui, brun
et terne, disparaissait peut-être, pendant le jour, au
milieu du rayonnement universel des couleurs, brille

maintenant de la plus charmante lumière, verte, jaune
ou rouge ; et, pour compléter les merveilles de cette
nuit enchantée, le large disque d'argent de la lune de
mer, nommé vulgairement poisson-lune, s'avance doucement à travers le tourbillon des petites étoiles.

« La végétation la plus luxuriante des contrées tropicales ne peut développer une plus grande richesse de
formes, et elle reste bien en arrière des jardins magnifiques de l'Océan, composés presque entièrement
d'animaux, pour la variété et l'éclat des couleurs. »

Quoique la vie soit plus abondante dans les eaux de la
zone torride que sous les climats tempérés, le même
auteur dit que près des côtes désolées du Groënland, où
l'homme se figure que la nature expire, la mer est énormément peuplée. On navigue jusqu'à deux cents milles
en longueur et quinze en largeur, sur des eaux d'un
brun foncé, qui sont ainsi colorées par une méduse
microscopique. Chaque pied cube de cette eau en contient
cent dix mille.

Les infusoires, ainsi nommés de ce qu'ils ont d'abord
été vus au microscope dans l'eau d'une infusion, sont des
infiniment petits ; mais ils sont si nombreux, que,
lorsqu'ils montent à la surface des flots, ils les font
étinceler. Parfois la mer tout entière devient lumineuse.
Une bande phosphorescente s'aperçoit d'abord, semblable
à un ruban de feu. Le ruban s'élargit, les vagues se
couronnent d'aigrettes brillantes ; le navire laisse derrière

lui un sillon de feu, et les lames, en se brisant le long des côtes et des écueils, y font jouer cette féerique lumière. Toutefois ce ne sont pas seulement les infusoires qui la produisent.

« Cet état brillant de la mer, dit Frédol, est encore déterminé par des méduses, des astéries, des mollusques, des néréides, des crustacés et même des poissons. Ces animaux engendrent la lumière, comme la torpille engendre l'électricité. Ils multiplient et diversifient les effets du phénomène. La lumière qu'ils produisent passe tantôt au verdâtre, tantôt au rougeâtre. A certains moments, on croit voir, dans le sombre royaume, des disques rayonnants, des plumets étoilés, des franges flamboyantes. Plusieurs animaux paraissent de loin comme des masses métalliques rougies à blanc, ou comme des bouquets de feu, lançant des étincelles. Il y a des festons de verres de couleur, comparables aux guirlandes de nos illuminations publiques, et des météores incandescents, allongés ou globuleux, qui se poursuivent à travers les vagues, montent, descendent, s'atteignent, se groupent, se confondent, se disjoignent, décrivent mille courbes capricieuses, et s'éteignent pour se rallumer et se poursuivre de nouveau. »

La phosphorescence de la mer a été souvent observée dans les mers les plus chaudes. On l'a remarquée aussi dans l'océan Austral, et non loin des côtes de la Sibérie; mais elle ne s'y manifeste pas dans toute sa splendeur.

« Celui qui n'a pas été témoin de ce phénomène dans la zone torride et surtout sur le Grand-Océan, dit Humboldt, ne peut se faire qu'une idée imparfaite de la majesté d'un si grand spectacle. Quand un vaisseau de guerre, poussé par un vent frais, fend les flots écumeux, et qu'on se tient sur les haubans, on ne peut se rassasier du spectacle que présente le choc des vagues. Chaque fois que, dans le mouvement du roulis, le flanc du vaisseau sort de l'eau, des flammes rougeâtres, semblables à des éclairs, semblent partir de la quille et s'élancer vers la surface de la mer. »

En 1854, un capitaine de la marine américaine, naviguant sur une mer phosphorescente, fit remplir de cette eau blanche et brillante une jarre, dans laquelle il vit une multitude de petits corps lumineux offrant l'aspect de vers et d'insectes, dont la longueur variait de cinq à quinze millimètres. Un des plus petits échantillons avait la grosseur d'un cheveu, avec une espèce de tête à chaque bout. La mer était ainsi couverte sur une étendue de dix lieues environ du nord au sud. Une bande brune occupait le milieu de cette coloration blanche.

« L'Océan semblait une plaine couverte de neige, et son état phosphorescent était tel, que le ciel, malgré sa pureté, laissait à peine voir les étoiles de première grandeur. L'horizon était noir jusqu'à une hauteur d'environ dix degrés, absolument comme s'il se fût préparé quelque mauvais temps, et la voie lactée du firmament était effacée par la blancheur de celle que nous traversions. C'était un effet aussi grandiose qu'effrayant. »

Dans toutes les mers les animaux sont infiniment plus nombreux que les végétaux. On n'y voit guère que des algues ; mais elles sont si différentes de formes et de grandeurs, elles se nuancent de couleurs si éclatantes et si variées, qu'on ne peut que les admirer.

Les algues n'ont ni feuilles ni branches, et souvent même point de tige distincte, mais une multitude de filaments plus ou moins rapprochés les uns des autres, et dont la longueur semble dépendre de l'étendue des eaux où elles prennent naissance.

Dans les mers australes, on en voit qui ont plus de trois cents mètres, et qui, formées seulement de masses gélatineuses, recouvertes d'une espèce de cuir brillant, livrent aux caprices de la vague de longs rameaux bizarrement découpés, dont les extrémités rouges, brunes, vertes ou jaunes, ressemblent à des fleurs et à des fruits. Le célèbre navigateur Dumont d'Urville vit plusieurs fois la marche de ses vaisseaux entravée par cette colossale végétation.

Dans l'Atlantique, entre les Açores et les Antilles, une prairie mouvante, formée par des algues, s'étend sur un espace de plus de treize cents lieues, et a reçu le nom de mer des Sargasses. Colomb, voguant à la découverte du nouveau monde, côtoya pendant trois semaines ces immenses algues, dont les bras flottants semblaient vouloir barrer le passage à ses navires.

L'Océan ne renferme pas seulement une multitude d'animaux-plantes ; il nourrit des myriades d'animaux-pierres, qui comblent peu à peu les vallées sous-marines, modifient les abords des îles et des continents, élèvent des écueils et construisent des mondes. La plupart des îles de l'Australie ne sont que des amas de madrépores. Les premiers ont travaillé dans le fond de la mer ; mais les générations, en se succédant, ont élevé ces premières assises jusqu'à la surface des eaux.

Il ne faut pas croire que les îles formées de la dépouille calcaire de ces petits animaux soient stériles. Les vagues, charriant sans cesse des débris de toutes sortes, en abandonnent une partie sur ces îlots qui leur font obstacle. Ces débris s'y décomposent et y forment une couche de terreau, qui, d'abord légère, s'épaissit peu à peu, et sur laquelle les vents apportent les semences des arbres et des plantes qui doivent les embellir et les rendre habitables.

Chacun de ces faiseurs de mondes n'est rien par lui-même ; mais leur nombre est si grand, qu'aucun chiffre ne pourrait en donner l'idée. Leur taille n'atteint pas un millimètre, beaucoup même ne peuvent être vus qu'au microscope ; mais leurs élégantes petites coquilles forment dans les mers d'immenses dépôts, et l'on en a compté jusqu'à trente mille dans un gramme de sable fin rapporté des Antilles.

L'eau des mers se distingue de celle des ruisseaux, des rivières, des fleuves et de presque tous les lacs, par sa forte salure et le goût désagréable qu'elle doit aux diverses substances tenues en dissolution dans son sein.

Malte-Brun dit qu'il est plus facile de constater les utiles résultats de la salure des eaux marines que d'en découvrir l'origine. Sans cette salure et sans leur agitation continuelle, ces eaux, remplies d'animaux et de végétaux, se corrompraient. Elles seraient aussi moins propres à entretenir la vie d'un grand nombre de ces animaux ; enfin, devenant moins lourdes, elles porteraient moins bien les vaisseaux.

A volume égal, l'eau de mer est, en effet, plus lourde que l'eau pure, et son poids augmente avec la quantité de sels qu'elle contient. Plus la chaleur du soleil enlève de vapeur à la surface de l'Océan, plus les eaux sont salées à sa surface ; cette salure diminue, au contraire, lorsqu'il y tombe des pluies très abondantes.

Près de l'équateur, où des pluies tombent presque constamment, la salure de la mer est moins forte que vers les tropiques. Une autre cause rend aussi les eaux moins salées sous les pôles : c'est l'énorme quantité d'eau douce qui provient de la fonte des glaces pendant le rapide été de ces régions.

La surface de l'Océan est sans cesse agitée ; les ondulations qu'elle offre à nos regards se nomment vagues. Elles varient suivant la force et la direction du vent ; mais

la mer est assujettie à des mouvements plus réguliers,
auxquels on donne le nom de marées, sous l'influence de
l'attraction que le soleil et la lune exercent sur elle ; ses
eaux s'élèvent pendant six heures et couvrent les rivages :
c'est le flux ; arrivées à leur plus haut point, elles redes-
cendent peu à peu pendant les six heures suivantes : c'est
le reflux. On est parvenu à calculer avec une irréprochable
exactitude l'heure et même la minute à laquelle le flot
commence à monter et celle où, après avoir furieusement
battu le pied des falaises, il s'arrête et commence à se
retirer pour revenir encore.

Outre ces soulèvements produits par le soleil et la
lune, la mer a des mouvements qui lui sont propres. Elle
est parcourue par des courants immenses, grâce auxquels
une sorte d'équilibre s'établit entre les températures
extrêmes du globe. Le plus puissant de ces courants
est le gulf-stream, ou courant du golfe, ainsi nommé
de ce qu'il semble prendre sa source dans le golfe du
Mexique.

« Il est, dit Maury, un fleuve dans la mer. Dans les
plus grandes sécheresses, jamais il ne tarit ; dans les plus
grandes crues, jamais il ne déborde. Ses rives et son lit
sont des couches d'eau froide entre lesquelles coulent à
flots pressés ses eaux tièdes et bleues. C'est le gulf-stream !
Nulle part dans le monde il n'existe un courant aussi
majestueux. Il est plus rapide que l'Amazone, plus impétueux que le Mississipi, et la masse de ces deux fleuves

ne représente pas la millième partie du volume d'eau qu'il déplace. »

Le golfe du Mexique, d'où s'échappe ce magnifique courant, est situé sous la zone torride, entouré de hautes montagnes, qui y concentrent l'ardente chaleur de ce climat. Peut-être même cette chaleur est-elle encore accrue par le feu souterrain, auquel les nombreux volcans situés dans ces parages servent de soupapes.

Le gulf-stream se précipite à travers le détroit de la Floride et se dirige vers le nord, en suivant les côtes des Etats-Unis, jusqu'au banc de Terre-Neuve. Là, il rencontre un courant polaire chargé de glaces énormes, qui se fondent au contact de ses eaux tièdes ; mais, vaincu par ce choc, le gulf-stream est forcé de se diviser.

« A la sortie du golfe du Mexique, la largeur du gulf-stream est de quatorze lieues, sa profondeur de mille pieds (environ 305 mètres), et la rapidité de son cours, qui s'élève d'abord à près de huit kilomètres par heure, diminue peu à peu, en conservant toutefois une vitesse relative encore considérable, dans toute l'étendue de son parcours.

« Sa température, beaucoup plus élevée que celle des milieux qu'il traverse, ne varie que d'un demi-degré par centaine de lieues. Aussi parvient-il en hiver jusqu'au delà des bancs de Terre-Neuve, avec les abondantes réserves de chaleur que ces eaux ont absorbées sous le soleil des zones tropicales. Alternativement plongé dans le lit du courant, ou en dehors des limites qu'il suit, le

thermomètre indique des écarts de douze et même quelquefois de dix-sept degrés. Si l'on compare cette température à celle de l'air environnant, le contraste est plus
frappant encore. Au delà du quarantième parallèle,
lorsque l'atmosphère se refroidit parfois jusqu'au-dessous
de la glace fondante, le gulf-stream se maintient à une
température de vingt-six degrés au-dessus de ce point.

« Ses eaux, comme celles de toutes les mers très riches
en matières salines, se distinguent par leur teinte foncée
et par leur beau reflet bleu, se dessinant en ligne nette et
tranchée sur le fond vert des eaux communes de l'Océan.
Jusqu'au quarantième parallèle, il n'y a entre les eaux
bleues et les vertes aucun mélange ; c'est seulement à
partir de cette latitude que les premières franchissent
leurs digues, sortent de leur lit et se répandent au loin
sur les couches froides de l'Océan. Leur marche en même
temps se ralentit, et l'action du rayonnement de leur
calorique sur l'atmosphère devient plus sensible. Elle
adoucit notamment les climats de l'Europe septentrionale ;
sans lui, l'Angleterre et une partie de la France seraient
condamnées à des hivers aussi rigoureux que ceux du
Labrador. C'est grâce au gulf-stream que, dans le nord
du Spitzberg, la limite des glaces et des neiges éternelles,
au lieu de s'abaisser jusqu'au niveau de la mer, se
maintient à plus de 170 mètres au-dessus (1). »

---

(1) *Les Harmonies de la Mer.*

Une des branches de ce fleuve bienfaisant devient, après le choc des glaces au banc de Terre-Neuve, un courant sous-marin, qui, selon l'expression de Michelet, s'en va consoler le pôle et y créer une mer libre de glaces.

Un autre courant chaud sort de la mer des Indes et suit les côtes de la Chine et du Japon. Comme le gulf-stream, c'est un grand torrent bleu, qui court sur les eaux vertes, dit encore Michelet, très bleu, d'un indigo si sombre, que les Japonais l'appellent le fleuve Noir.

Moins importants que ces deux grandes artères de la mer, d'autres courants complètent un système de circulation, grâce auquel les traversées se font beaucoup plus rapidement que quand ces routes de l'Océan étaient encore inconnues.

Il est vrai que la différence de température des eaux vertes de l'Océan et des eaux bleues du gulf-stream engendre des ouragans qui lui ont fait donner le surnom de roi des tempêtes ; mais les travaux de plusieurs savants, de Maury surtout, permettent de prédire ces troubles atmosphériques et d'en conjurer les dangers.

Au mois de décembre 1853, un paquebot américain, *le San-Francisco*, transportant un régiment en Californie, fut assailli dans ce courant par un coup de vent qui le mit dans le plus fâcheux état. Cent vingt-neuf personnes furent entraînées à la mer par une énorme lame qui

balaya le pont, arracha la mâture et détruisit la machine.
Le lendemain, le navire, devenu le jouet des flots, fut
aperçu par un bâtiment qui se rendait à New-York, mais
qui ne put lui venir en aide; car lui-même aurait eu
besoin de secours. Il en fut de même d'un second vaisseau
qui vit le *San-Francisco* peu de jours après.

La nouvelle de ce désastre étant arrivée à New-York,
on disposa à la hâte deux petits bâtiments pour aller
recueillir les naufragés. Maury, consulté sur la route
qu'on devait suivre pour les rejoindre, indiqua, de la
manière la plus exacte, le point vers lequel ils avaient été
entraînés. Les deux avisos partirent; et s'ils n'arrivèrent
pas assez tôt pour recevoir les passagers du *San-
Francisco*, qui venaient de trouver asile sur d'autres
navires, ils purent du moins voir sombrer sa carcasse au
lieu même qu'avait fixé le président de l'Observatoire de
Washington.

Il existe aussi des courants sous-marins, dont la con-
naissance est très utile aux navigateurs. Un officier
anglais qui traversait le détroit du Sund vit son canot
enlevé par un courant; mais, sachant qu'un autre courant,
situé au-dessous du premier, avait une direction opposée,
il laissa couler dans les flots un seau attaché à une corde
et muni d'un boulet. L'appareil étant arrivé à la profondeur voulue, l'officier fixa le bout de la corde à son canot,
qui ne tarda pas à être entraîné par le boulet vers le point
qu'il désirait atteindre.

Par quoi sont produits les grands courants de la mer ?
« La chaleur en est la cause principale ; mais la chaleur
n'y suffirait pas, dit Maury. Il en est une autre, non moins
importante, et plus encore, c'est le sel ; mais il y en a
encore une autre, c'est l'abondance des infiniment petits
dont les mers sont peuplées.

« Ces imperceptibles empruntent à la grande nourrice
les sels divers dont ils ont besoin pour vivre et bâtir leurs
coquilles. Ils changent ainsi le poids de l'eau, qui, moins
salée et par conséquent plus légère, se déplace, en cédant
à la pression des lourdes couches qui l'environnent.

« A quel chiffre peut s'élever, par jour, la quantité de
matière solide extraite ainsi de la mer ? Sont-ce des
milliers ou des milliards de tonnes ? Nul ne le sait. Quoi
qu'il en soit, son action sur le mouvement des eaux est
immédiate, et nous voyons que de la sorte ces animaux
privés de la locomotion, dont la vie est pour ainsi dire
végétale, n'en semblent pas moins avoir la propriété
remarquable de remuer la masse entière de l'Océan, des
pôles à l'équateur. »

Ainsi ces microscopiques faiseurs de mondes contribuent
à l'adoucissement de la température dans les froides
régions, puisque le gulf-stream porte jusque sous les
glaces du pôle ses eaux tièdes et bienfaisantes, et qu'une
autre de ses branches, longeant les côtes de la Bretagne,
réchauffe assez cette âpre contrée pour que le figuier
puisse y porter des fruits. Un peu plus loin vers le nord,

ce bras du grand courant heurte les îles Britanniques, où il se partage encore, après avoir donné à l'Ecosse, qui, sans lui, serait aussi froide que la Sibérie, sa magnifique verdure.

Quoique affaibli et brisé, il continue sa course, va fondre les glaces de la Norwège et jeter sur les côtes de la pauvre Islande des troncs d'arbres et des débris arrachés aux rivages de l'Amérique, précieux combustible sans lequel les habitants de cette île mourraient de froid.

II.

L'océan Glacial arctique.

La physionomie des mers polaires diffère beaucoup de celle des autres océans. La température de leur surface étant très basse, la neige qui y tombe en abondance ne peut fondre et se transforme en glace, qui tantôt couvre cette surface d'une nappe d'étendue variable et tantôt la hérisse de glaçons flottants.

Toutes les glaces flottantes ne sont pas produites par la congélation des eaux de la mer; la plupart descendent des immenses glaciers qui couvrent une partie des terres polaires, et vont en s'inclinant vers les côtes. Il est prouvé que, par un mouvement lent mais continu, les glaciers glissent sur leur base ; donc il est facile de comprendre que, battus sans relâche par les flots, des fragments s'en détachent.

Ces blocs s'entassent sur les rivages ; ils s'en éloignent, entraînés par les vents et par les courants, et deviennent pour les navigateurs un sérieux danger. Le nombre et la masse de ces écueils de glace augmentent à mesure qu'on s'avance vers le nord. Il n'est pas rare d'en rencontrer qui atteignent une hauteur de trente à quarante mètres au-dessus du niveau de la mer, et qui aient de deux à trois kilomètres de longueur sur une largeur d'un demi-kilomètre. Si l'on songe que ces îles de glace enfoncent très profondément leur base sous les eaux, on ne se fera encore qu'une imparfaite idée de leur redoutable masse ; mais si l'on se figure que ces montagnes flottantes sont souvent assez rapprochées les unes des autres pour qu'un navire ait peine à trouver entre elles un passage, on comprendra qu'à chaque instant il court le risque de se briser ou de se voir écrasé par ces glaces gigantesques animées de mouvements divers.

On donne le nom d'*iceberg* à ces blocs détachés des glaciers, et celui d'*icefield* ou de banquise aux champs de glace qui se forment dans la mer. Les banquises ne s'élèvent ordinairement que de quelques mètres au-dessus des eaux ; cependant on en a vu qui avaient de dix à quinze mètres d'épaisseur. Quant à leur longueur, on en a vu qui avaient une étendue de plus de trente lieues.

Lorsque ces banquises se forment, la neige qui couvre la froide surface des eaux se divise en une multitude de petits glaçons, qui s'arrondissent en se heurtant les uns contre les autres, et qui se soudent ensuite de manière à n'en faire plus qu'un. Cette croûte, d'abord assez mince, s'épaissit par sa face inférieure et devient une plaine de glace, qui, des hautes latitudes, descend vers le sud. Elle y trouve une température plus douce, qui, jointe à l'effort des vagues, la disjoint et la brise.

Quand les glaçons se dispersent et laissent le passage libre aux vaisseaux, on dit que la glace est ouverte ; mais il arrive souvent qu'un refroidissement subit soude de nouveau les glaçons errants et donne à la mer l'aspect d'une plaine couverte de blocs de rochers de toutes formes et de toutes grandeurs. On donne à ce champ de glace irrégulier le nom de *hummock*.

« Il faut, dit Malte-Brun, avoir un cœur d'airain pour oser s'aventurer dans ces mers inhospitalières ; car si le navigateur n'y a point à craindre les tempêtes, il court d'autres dangers bien plus capables d'effrayer les esprits les plus téméraires. Tantôt des glaçons énormes, agités par les vents et par les courants de mer, viennent se heurter contre son frêle navire : point de rocher ou d'écueil si dangereux ni si difficile à éviter ; tantôt ces montagnes flottantes entourent perfidement le voyageur et lui ferment

toute issue ; son vaisseau s'arrête, se fixe ; en vain la hach
impuissante cherche à briser ces masses énormes, en vai
les voiles appellent les vents ; le bâtiment est comm
soudé dans la glace, et le navigateur, séparé du mond
des vivants, reste seul avec le néant. »

Scoresby, célèbre baleinier, a vu un navire qui, écras
entre deux murs de glace, fut anéanti en un instant pa
leur choc formidable Seule la pointe du grand mât rest
debout, comme un funèbre signal, au-dessus de ce tom
beau flottant. Un autre se dressa sur sa poupe, comm
un cheval qui se cabre. Sous les yeux du même naviga
teur, deux beaux trois-mâts furent percés d'outre e
outre par des glaçons aigus, qui avaient plus de trent
mètres de longueur. Une fois encore, son navire pass
au-dessus d'une montagne de glace en partie submergée
et le hardi capitaine avoue qu'il tremblait de voir ce
énorme glaçon se relever soudain en faisant voler au loi
le vaisseau avec les braves marins qui le montaient.

De tels désastres ne sont pas rares. Tout est trahiso
dans ces mers. Des bâtiments se trouvent parfois entraîné
par les glaces flottantes ou par des banquises qui leu
paraissent immobiles. En 1777, dix navires baleiniers
emportés ainsi, furent écrasés l'un après l'autre, et plu
de deux cents personnes périrent.

Le capitaine Mac-Clintock fit trois cents lieues à l
dérive avec un banc de glace qui avait enveloppé so
vaisseau.

« Le 18 août, dit-il, nous nous trouvions à mi-che-
min de la baie de Melville au détroit de Lancastre, quand,
tout à coup, cernés par une immense agglomération de
glaces en dérive, nous nous vîmes condamnés à passer
l'hiver au milieu du plus vaste champ de glace dont j'aie
entendu parler dans ma carrière de marin. Pendant
l'hiver, les forces élastiques des couches marines ouvrirent
souvent de longues crevasses ou chêneaux dans la voûte
solidifiée qui les recouvrait. Ces solutions de continuité
dans la glace se produisaient si violemment, que parfois
de longues files de glaçons étaient projetées comme par
l'effet d'une mine à plusieurs pieds en l'air, et formaient
de véritables chaussées de chaque côté des crevasses d'où
elles étaient sorties. Pendant notre hivernage, nous nous
procurâmes, dans ces sortes de chenals d'eau ouverts,
environ soixante-dix phoques, qui nous procurèrent de
la nourriture pour nos chiens et de l'huile pour nos
lampes.

« Nous ne retrouvâmes notre liberté que le 25 avril
seulement, par 60° 30' de latitude, et au milieu de circonstances dont tous les hommes du bord garderont longtemps la mémoire. Une violente tempête s'éleva au
sud-est : l'Océan, soulevé dans ses profondeurs, brisa sa
croûte flottante, et, lançant dans un chaotique désordre
les masses désagrégées du champ de glace, menaça vingt
fois de broyer le *Fox* dans quelque choc inévitable. Nous
ne fûmes redevables de notre salut qu'à la Providence

d'abord, puis à l'excellence de notre machine motrice et à la forme de notre étrave, taillée en coin. »

Le lieutenant de Haven, qui, comme Mac-Clintock, explorait la mer Glaciale, dans l'espoir de découvrir les traces de sir John Franklin, fut aussi enfermé pendant neuf mois dans les glaces, qui l'entraînèrent à cinq cents lieues vers le sud.

Quand on a le malheur d'être ainsi enveloppé par une banquise aux approches de l'hiver, il n'y a d'autre ressource que de gagner la côte, si l'on n'en est pas trop éloigné, d'y chercher un abri, et, si l'on n'en trouve point, de creuser la glace et la neige, comme le font les Esquimaux. On y transporte une partie des provisions, afin d'y pouvoir vivre si le bâtiment venait à être détruit par le choc des glaces. On détache les voiles, on descend les vergues, on enveloppe le haut des mâts; on transforme le pont en une vaste chambre, en le couvrant d'un toit en planches dont on masque les joints en les revêtant à l'intérieur d'une toile goudronnée, et l'on fait de la cale, parfaitement nettoyée, le séjour de l'équipage.

Le fourneau de la cuisine chauffe cette pièce, et si, pendant la longue durée de l'hivernage, le capitaine est assez heureux pour tenir son équipage en belle humeur, chose difficile et cependant nécessaire à l'entretien de leur santé, il peut, au printemps suivant, reprendre le cours de ses explorations.

Ordinairement les hommes descendent à terre pour

chasser le renne sauvage ou surprendre les phoques, et cette viande fraîche fait une heureuse diversion à leur nourriture habituelle. Quelquefois ils rencontrent un ours blanc, contre lequel ils ont à combattre ; mais s'ils parviennent à le tuer, ils ne dédaignent point sa chair, surtout si, comme cela n'arrive que trop souvent, la ration du bord est insuffisante. Les morses sont encore une riche proie, la grande quantité d'huile qu'ils fournissent permettant d'entretenir des lampes, qui aident à supporter les longues ténèbres des nuits polaires.

« Nous avons bien tous appris dans notre enfance, dit un navigateur américain, le docteur Hayes, qu'aux pôles de la terre le jour et la nuit durent six mois; mais autre chose est de se trouver face à face avec la réalité et d'être contraint de s'y soumettre. L'éternel soleil de l'été avait dérangé les habitudes de toute notre vie; mais l'obscurité de l'hiver les troublait plus encore. L'imagination, naguère trop excitée par cette lumière qui inspire l'action, s'engourdit peu à peu ; cette nuit de plusieurs mois jette son ombre sur l'intelligence et paralyse toute énergie.....

« Il n'est rien de plus effrayant dans la nature que le silence de la nuit polaire. Si cette nuit peut être supportée sans grand danger pour la vie physique, combien elle pèse lourdement sur les facultés morales et intellectuelles! Les ténèbres qui, depuis si longtemps, enveloppent la nature nous ouvrent un monde nouveau, auquel nos sens ne peuvent s'accoutumer.

« Dans la chère patrie, le gai soleil levant appelle au travail, le calme du soir invite au sommeil, et la transition du jour à la nuit et de la nuit au jour calme l'esprit et le cœur, en soutenant le courage au milieu de la bataille de la vie.

« Tout cela, nous ne l'avons plus. Et dans cette éternelle et ardente aspiration après la lumière, fatigués que nous sommes par l'immuable marche du temps, nous ne pouvons plus trouver le repos au sein d'une nuit si longue à passer.

« La grandeur de la nature cesse d'appeler nos sympathies émoussées. Le cœur soupire après de nouvelles associations d'idées, de nouvelles impressions, de nouvelles amitiés. Cette sombre et lugubre solitude écrase l'intelligence; la tristesse qui règne partout, hante l'imagination; le silence profond, sinistre et ténébreux, se transforme en terreur. L'oreille écoute si quelque bruit ne va pas rompre ce silence accablant; mais aucun pas ne retentit, aucune bête sauvage ne hurle dans la solitude. Pas un cri, pas un chant d'oiseau, pas un arbre dont les ramilles puissent recueillir les murmures ou les soupirs du vent.

« Dans ce vide immense, je n'entends que les pulsations de mon cœur; le sang qui coule dans mes artères me fatigue de bruits discordants; le silence a cessé d'être une chose négative; il est maintenant doué d'attributs positifs. Je l'écoute, je le vois, je le sens! Il se dresse devant moi comme un spectre remplissant mon esprit du sentiment de la mort universelle, proclamant la fin de toutes choses et annonçant l'éternel avenir. »

Tous les navigateurs qui se sont risqués dans les mers glacées des pôles ont signalé l'horreur de ces longues nuits. L'infatigable capitaine Parry, qui y passa trois hivers, dit que quand on se voit pour la première fois enseveli dans les ténèbres silencieuses de la mer polaire, on ne peut se défendre d'un involontaire effroi, et qu'on se croit transporté hors du domaine de la vie.

Les animaux eux-mêmes subissent l'effet de cette obscurité prolongée. Le docteur Kane, qui trois fois aussi eut à supporter un long hivernage, raconte, entre autres souffrances endurées par ses hommes et par lui, la mort de ses chiens, et l'attribue à la privation de lumière. Il en avait de magnifiques qui venaient de Terre-Neuve, et d'autres qu'il s'était procurés chez les Esquimaux. Il avait en outre une chienne qu'il aimait beaucoup, c'était une fidèle et caressante compagne. Les Terre-Neuve tombèrent malades ; ils ne voulaient plus manger, à moins qu'on ne leur montrât des lanternes. Bientôt cette clarté ne suffit plus à dissiper leur tristesse ; ils devinrent fous et ils moururent. Les chiens esquimaux eurent ensuite le même sort ; puis ce fut le tour de sa chère Flora, une bête intelligente, douce et *sage*, qu'il ne put voir succomber sans une profonde douleur.

Les longues nuits polaires sont souvent éclairées, il est

vrai, par les splendides lueurs de l'aurore boréale. Ce
phénomène, si imposant sous les hautes latitudes, ne se
montre dans nos contrées tempérées que comme un reflet
rougeâtre, semblable à celui d'un vaste incendie loin-
tain. Cependant, il arrive quelquefois que dans cette
teinte embrasée du ciel, nous distinguons des rayons.
On a même vu, il y a fort peu de temps, une aurore
boréale sillonnée de feux verdâtres très brillants. Mais ce
qui n'est chez nous qu'une exception reste bien au-dessous du magnifique spectacle qu'offre souvent le ciel des
régions polaires.

« Voici à peu près la gradation de ce phénomène, dit
M. Louis Figuier. Le ciel commence par se rembrunir. Il
s'y forme bientôt un segment lumineux, bordé d'un arc
plus large, d'une blancheur éclatante, et qui semble
agité par une sorte d'effervescence. De cet arc s'élancent
des rayons et des colonnes de lumière qui montent jusqu'au zénith. Ces gerbes lumineuses passent par toutes
les couleurs du prisme, du violet et du blanc bleuâtre
jusqu'au vert et au rouge purpurin. Tantôt les colonnes
de lumière sortent de l'arc brillant, mélangées de rayons
noirâtres; tantôt elles s'élèvent simultanément en différents points de l'horizon et se réunissent en une mer de
flammes agitée par de rapides ondulations. D'autres fois
ce sont des étendards flamboyants qui se déroulent et
flottent dans l'air. Une sorte de dais, formé d'une lumière
douce et paisible, que l'on appelle la *couronne*, annonce

la fin du phénomène. Alors, les rayons lumineux commencent à perdre de leur éclat; les arcs colorés se dissolvent, s'éteignent, et bientôt on ne voit plus qu'un faible nuage blanchâtre dans les points du ciel où se jouaient les mille feux brillamment colorés de l'aurore polaire. »

La lune dissipe aussi les ténèbres de ces longues nuits. Sa douce et paisible clarté, largement augmentée par le reflet des neiges et des glaces, permet de se guider à travers les obstacles, de poursuivre le gibier, et même parfois de lire sans aucune autre lumière. Les étoiles brillent aussi d'un vif éclat; on les voit même quand le ciel est éclairé par l'aurore boréale.

Tout cela n'empêche pas les navigateurs obligés d'hiverner dans ces parages, de soupirer ardemment après l'instant où le premier rayon de soleil annoncera le retour de cet astre vivifiant. On connaît l'heure à laquelle ce premier rayon effleurera le sommet des montagnes de glace; les cœurs battent en l'attendant, et son apparition est saluée avec un joyeux attendrissement.

Le ciel des régions polaires est ordinairement serein, les vapeurs ne peuvent s'élever et se transforment aussitôt en neige. Quelquefois cette neige tombe doucement; mais le plus souvent, chassée par un vent violent, elle frappe le visage du voyageur comme le feraient des milliers de pointes d'acier; elle enfle ses paupières et l'aveugle; elle l'étouffe en pénétrant dans sa bouche et dans ses narines.

Quand, malgré l'ouragan, le navigateur est obligé de diriger son bâtiment sur une mer où il peut rencontrer des glaçons flottants, sa position devient terrible. Ecoutons le docteur Hayes, qui, en 1860, commandait dans les parages du Groënland la goëlette *les Etats-Unis* :

« Huit jours seulement nous séparaient de la fin du mois d'août.... Pendant que je songeais, le vent s'éleva et souffla grand frais ; la mer devint très houleuse derrière nous ; un nuage sombre, qui planait sur le sud depuis quelques moments, s'étendit au-dessus de nos têtes et, couvrant le ciel de ses lambeaux déchirés, nous inonda de vapeurs glacées, qui se changèrent bientôt en trombes de neige. Impossible dès lors de rien voir à quelques mètres autour de soi ; aussi m'empressai-je de descendre du perchoir incommode dont m'avait servi la vergue de misaine.

« Quel parti prendre? Poursuivre notre route ou mettre à la cape, et attendre un temps plus favorable? Dans ce dernier cas, le navire, abandonné à lui-même, dériverait dans les ténèbres et courrait grand risque de heurter un iceberg isolé, ou les champs de glace qui ne pouvaient tarder à nous barrer le passage. De plus, et c'était pour moi l'objection principale, nous ne profiterions pas de la bonne brise qui nous poussait rapidement vers le nord.

« En continuant notre course, au contraire, nous avions à craindre, par cette atmosphère épaisse, de tomber droit sur l'ennemi sans l'apercevoir à temps

pour en détourner le navire. Mon irrésolution ne fut
pas de longue durée : péril pour péril, je préférai
celui où nous pourrions déployer notre énergie. Faisant
donc prendre tous les ris, je dirigeai notre course sur le
cap York.

« Je me promenais lentement sur le pont, en proie à
la plus vive anxiété. Nous traversions une mer que pas un
navire n'a parcourue sans y rencontrer les glaces ; pou-
vais-je prétendre à une autre fortune ?

« Le brouillard était si intense, qu'à peine je pouvais
distinguer la vigie sur le gaillard d'avant. Parfois il s'élevait un peu, et, sous le dais pesant de vapeurs sombres
qui semblaient soutenues par les icebergs errants, mon
regard portait sur la mer à une distance de plusieurs
kilomètres. Puis la neige recommençait à tomber, la grêle
bruissait, le vent sifflait à travers le gréement, et les
lourdes vagues, déferlant sur nous, inondaient les ponts
et menaçaient de nous engloutir. Je n'oublierai jamais
nos dix premières heures de la baie de Melville.

« Vers la fin de cette course folle et désordonnée, mon
oreille, attentive au moindre son, saisit le clapotis de
l'eau sur les brisants : un instant après la vigie donnait
l'alarme.

« De quel côté ? — Je ne peux pas l'apercevoir, commandant.

« Cependant le bruit se rapprochait. Tout à coup, un
mont de·glace projeta faiblement sa blancheur indécise

au milieu du brouillard. Le temps nous manquait pour réfléchir et pour nous détourner.... Sur quel point gouverner? Nous l'ignorions : on ne distinguait pas les contours de la montagne, seulement on entrevoyait une énorme lueur et une ligne de brisants couverts d'écume.

« J'ai toujours pensé que quand on ne sait à quoi se résoudre, le plus sûr est de ne rien faire, et dans les circonstances présentes ce fut notre salut. Si j'avais obéi à ma première impression et mis la barre au vent, nous courions vers la ruine. Au contraire, nous glissâmes tout près de l'affreux monstre, en échappant une collision qui aurait été fatale à notre pauvre navire et à tous ceux qui le montaient. La vergue de misaine en effleura le bord, le mur de glace nous couvrit de son embrun, et, quelques instants après, l'iceberg rentrait dans les ténèbres, d'où il avait émergé si soudainement....

« Le vieux cuisinier avait été sommé de monter sur le pont pour aider à la manœuvre, et, au milieu de la terreur générale, on l'entendait murmurer : « Je voudrais « bien savoir comment le dîner de ces messieurs sera « prêt, si on me dérange comme cela pour tirer des « câbles! » Le bonhomme ne se doutait guère qu'un instant auparavant *ces messieurs* croyaient n'avoir plus jamais besoin de ses services....

« Maintes fois la vigie cria : « Brisants à l'avant! » mais un examen plus attentif nous montrait les glaces à droite ou à gauche, et nous passions sans avaries. Le

vent tomba peu à peu, la neige cessa, les nuages se
dissipèrent et le soleil reparut.

« Pendant que les hommes secouaient le gréement et
déblayaient le pont couvert de grêle et de givre, je
remontai avec ma lunette : on ne voyait plus de champs
de glace, mais ils se reflétaient encore sur le ciel occidental.

« C'était merveille d'avoir à si bon compte traversé ces
montagnes de glace : la mer en était semée. »

III.

Terres polaires européennes.

L'océan Glacial arctique baigne au nord de l'Europe, de l'Asie et de l'Amérique, des terres sur lesquelles nous allons jeter un coup d'œil.

L'Islande est située sous le cercle polaire, c'est-à-dire à la limite qui sépare la zone tempérée de la zone glaciale du Nord. C'est un massif volcanique, dont la partie centrale est déserte et presque inconnue. D'immenses glaciers, des plaines marécageuses, des amas de débris volcaniques, des montagnes dont les principaux sommets sont des volcans, d'énormes coulées de lave, en font une terre désolée.

Plus de trente volcans, dont plusieurs lancent encore
de la fumée et des flammes, ont couvert le sol de cendres,
de scories, de torrents de boue et d'eau, entraînant
jusqu'à la mer d'énormes quartiers de rochers.

Les hauts volcans, sur les flancs desquels la neige ne
fond jamais, se nomment jokulls dans la langue du pays ;
ils traversent l'île du nord-est au sud-ouest, et laissent
entre eux une profonde crevasse, de laquelle sont sorties
des laves qui entourent l'Hécla, le Sneifels, le Skaptar, etc.

Le 8 mai 1783, ce dernier volcan eut une telle érup-
tion de poussière, de cendres, de ponces, de scories de
toutes sortes, que pendant une année entière l'Islande fut
enveloppée de ténèbres, les rayons du soleil ne parvenant
qu'à peine à traverser les épais nuages de poussière dont
l'atmosphère était mêlée.

La Skapta, une des plus larges rivières de l'île, dispa-
rut, après avoir roulé dans la plaine une boue fétide, et
son lit, qui n'avait pas moins de 600 pieds de profondeur
sur 200 de largeur, fut rempli par un courant de lave,
dont le débordement inonda toute une contrée, combla
un vaste lac et alla tomber en cascades de feu du haut
des cataractes de Stapafoss.

Pendant qu'un fleuve de lave avait choisi la Skapta pour
son lit, un autre, suivant une direction différente, se
précipitait dans la plaine avec plus de fureur et de rapidité que le premier. On ne sait si tous deux sortaient du

même cratère, le Skaptar étant situé dans un désert
inaccessible.

C'est encore dans cette solitude, que nul pied humain
n'a foulée, que, pendant les quatre premiers mois de
l'année 1874, d'épouvantables éruptions couvrirent de
cendres, de scories, de quartiers de roches et de fleuves
de lave, une grande partie du sol de l'île.

L'Islande est plus rapprochée de l'Amérique que de
l'Europe ; cependant elle dépend du Danemark. Reikiavik, sa capitale, ne compte guère plus de mille habitants. Elle est entourée de plusieurs petits ports, fréquentés par des navires qui y arrivent chargés de grains,
d'eau-de-vie, de vin, d'étoffes, et qui emportent du
bétail, de la laine, du suif, du beurre, des peaux et des
lichens.

Les montagnes qui environnent Reikiavik offrent un
coup d'œil des plus agréables. Elles semblent couvertes
de riches pâturages ; mais elles ne doivent ce riant aspect
qu'à la teinte verte des roches qui les composent. Les
cimes de plusieurs autres montagnes sont colorées en
rouge, en violet, en brun, et leurs flancs portent de
glaciers encadrés dans des laves noires qui en font
encore ressortir le splendide éclat.

Les côtes de cette île volcanique sont très escarpées et
s'élèvent à une grande hauteur, surtout au nord et à
l'ouest. Ces énormes masses de lave sont fendues, cre-
vassées, dentelées, et présentent de nombreuses cou-

pures, par lesquelles entrent les eaux de la mer. Ces petits golfes, très étroits, se nomment *fiords*. Il y a cependant à l'ouest de l'île deux baies profondes, dans l'une desquelles est bâtie la ville de Reikiavik. Partout ailleurs les hautes falaises à pic qui entourent les fiords cachent dans d'épais nuages leur partie supérieure couverte de neiges éternelles.

« Là, plus de trace de vie; tout est mort et solitude ; aucun homme, rien d'humain au milieu de ces masses entassées par la nature; pas de forêts, pas d'arbres ; des roches nues, et en général trop escarpées pour donner prise à la végétation ; pas d'autre bruit que le brisement de la mer répété par les échos ; pas d'autre mouvement que celui des torrents alimentés par les neiges et qui sillonnent les flancs des rochers, comme des rubans argentés. »

On trouve en Islande des grottes, dont la plus remarquable est celle de Surtschellir, dont les parois sont couvertes de stalactites de lave, et dont une des galeries, qu'on croirait creusée dans un cristal brillant, possède de magnifiques colonnes de glace disposées comme des tuyaux d'orgue.

La végétation de l'Islande se réduit à quelques arbrisseaux, tels que le sorbier, le bouleau-nain, le saule ; à des mousses; à des prairies, qu'on peut regarder comme la véritable richesse de l'île, puisqu'elles permettent d'y élever des chevaux, des bœufs et des moutons.

Quelques-unes de ces verdoyantes prairies recouvrent des marais sur lesquels on ne peut se hasarder qu'avec de grandes précautions, de peur d'être enseveli dans la vase.

Dans plusieurs contrées, des cavernes servent à abriter les troupeaux, et de nombreux cratères éteints sont transformés en jardins, où l'on cultive, à l'abri des vents, divers légumes et surtout la pomme de terre.

Les sources connues sous le nom de geysers sont une des plus remarquables curiosités de l'Islande. A des intervalles irréguliers, mais souvent de demi-heure en demi-heure, un bruit sourd, assez semblable à une détonation lointaine, se fait entendre dans un bassin, d'où sort ensuite, avec plus ou moins de violence, un jet d'eau bouillante. Le mot *geysir*, qui, dans la langue du pays, veut dire fureur, et est donné à ces sources, semble parfaitement justifié, quand on voit l'eau jaillir du sol avec fracas et s'élancer dans les airs, comme une immense gerbe, qui atteint jusqu'à cinquante mètres de hauteur et dix-huit mètres de circonférence. Il ne tarde pas à perdre sa force; il s'affaisse et retombe, mais pour s'élever de nouveau, et l'on peut dire, avec un auteur anglais, que ce phénomène est un des jeux les plus brillants des merveilleuses énergies de la nature.

L'île de Jan-Mayen doit son nom au marin hollandais qui en fit la découverte. Elle est située au nord-est de l'Islande, dont elle est éloignée de cinq cents kilomètres.

Enveloppée d'épais brouillards et entourée d'énormes glaçons, cette île est inhabitée; les baleiniers seuls s'y hasardent quelquefois. L'un d'eux, le docteur Scoresby, la visita en 1817 et y reconnut un volcan, haut de cinq cents mètres, qu'il appela l'Esk, comme son bâtiment. Un second volcan, découvert dans cette même expédition, vomit l'année suivante une masse de cendres, pendant que l'Esk lançait des gerbes de fumée.

Le Bécremberg, qui domine l'île, a 2,550 mètres de hauteur et paraît être un volcan éteint; mais on n'a pu s'en assurer, la cime de ce mont étant trop difficile à atteindre.

A la même latitude que l'île de Jan-Mayen, c'est-à-dire un peu au-dessus du 76°, se trouve l'île de l'Ours, ou Beeren-Eyland, appelée aussi île Cherry. Elle fut découverte par un navire hollandais, qui s'était égaré en allant à la Nouvelle-Zemble. Le capitaine se nommait Hemskerke et le pilote Guillaume Barentz. Tous deux, le dernier surtout, sont restés célèbres parmi les intrépides explorateurs des régions boréales.

On ne peut que rarement aborder dans cette île; car elle est entourée de redoutables écueils et d'un banc de glace d'une grande étendue. Cependant, au mois de juin 1596, Guillaume Barentz, y étant descendu avec une partie de l'équipage, y tua un ours blanc, qui avait trois mètres de long; et en souvenir de cette heureuse chasse, on donna à l'île le nom de Beeren-Eyland.

Beeren-Eyland est à peu près à égale distance des îles du Spitzberg et de la côte de Norwège. Des rochers escarpés la font ressembler de loin aux ruines imposantes de quelque immense place forte. Quelques-uns de ces rochers, éventrés par le choc des glaces, s'avancent dans la mer, comme les arches d'un pont gigantesque. Elle est stérile, inhabitée et presque toujours couverte de neige. L'illustre voyageur Nordenskiold l'a visitée en 1856, en se rendant au Spitzberg.

Les îles Loffoden, situées sur la côte septentrionale de la Norwège, ne sont que des amas de rochers, dont la cime neigeuse disparaît le plus souvent au milieu d'épais brouillards. Elles n'ont d'autres habitants que des pêcheurs, qui viennent y passer quelques mois chaque année ; car les eaux qui les baignent abondent en poissons de diverses espèces et surtout en morues. De misérables cabanes abritent ces pêcheurs, lorsqu'ils descendent à terre, pour y saler ou y faire sécher le produit de leur travail.

La Norwège est peu fertile, même dans sa partie méridionale, qui toutefois possède de vastes forêts de bouleaux, de pins, de sapins, et d'autres arbres résineux, dont on tire de magnifiques bois de construction. M. Charles Martins, professeur de botanique à la Faculté de Montpellier, ayant fait un voyage en Norwège, en publia une relation dans laquelle il dit :

« Le 28 juin, nous arrivâmes à Drontheim. En débarquant, je fus surpris de voir des cerisiers portant des fruits gros comme des pois. Les lilas, le sorbier des oiseaux, le cassis, l'iris germanica, étaient couverts de fleurs épanouies. Mon étonnement cessa lorsque j'appris que le printemps avait été très beau. L'arbre le plus commun dans les jardins et dans les rues de la ville est le sorbier des oiseleurs. J'y remarquai quatre chênes qui paraissaient souffrir du froid. En effet, sur la côte occidentale de Norwège, la limite naturelle du chêne est à un demi-degré au sud de Drontheim. Le frêne est un arbre plus robuste, mais qui acquiert des dimensions moins considérables que le chêne en Suède; c'est à la latitude de 61° 18' que j'ai remarqué les derniers frênes. Le tilleul peut vivre à Drontheim comme le peuplier baumier et le marronnier d'Inde. Le as commun fleurit dans tous les jardins. Tous les arbres à fruits ne peuvent être cultivés qu'en espalier. Même dans les expositions les plus favorables, les pommes, les poires et les prunes ne mûrissent pas tous les ans. Aux environs de Drontheim, des bouquets d'aunes, de bouleaux et de sapins, entremêlés de frênes, d'érables, de trembles, de cerisiers à grappes, de noisetiers, de genévriers et de saules, couronnent les points culminants. Les champs cultivés s'étendent dans les localités sèches et bien exposées, tandis que les prairies occupent les bas-fonds. Ce frais paysage a quelque chose de sévère et de froid qui plaît à la longue. C'est un beau cadre pour une existence calme et uniforme. »

4

La côte septentrionale et la côte occidentale de la Norwège sont escarpées, semées d'écueils et de petites îles qui y rendent la navigation très difficile. Comme celles de l'Islande, elles sont découpées, et la mer y forme une multitude de baies, de golfes et de fiords. Cependant on peut aller en huit jours de Drontheim à Hammersferst, la dernière ville de la Norwège vers le nord.

Située au delà du 70°, dans une petite île nommée Hwaloë (île de la Baleine), Hammersferst voit tous les étés arriver dans son port un grand nombre de navires russes, hollandais, hambourgeois et anglais, qui y amènent des grains, des légumes, du beurre, du vin, des meubles, des étoffes, etc. Les Lapons y viennent aussi échanger le produit de leur pêche contre divers objets, entre autres de la farine et de l'eau-de-vie.

« Près de la ville, dit encore le savant professeur, je remarquai de belles prairies, que l'on fauche une fois l'an, et des troupeaux de rennes, moitié sauvages, paissent librement dans l'île. On se tromperait si l'on se figurait l'aspect d'Hammersferst comme celui d'une ville triste et sombre. La rue principale se compose de belles maisons en bois, neuves et brillantes de propreté ; ce sont les habitations des riches. Celles des pauvres, plus basses et plus vieilles, empruntent un charme particulier aux gazons fleuris dont elles sont couvertes. Le toit est formé de grosses mottes de terre, et une foule de plantes y germent et y poussent vigoureusement. En voyant ces jardins aériens, j'ai pour la première fois bien compris cette indication de localité, *in tectis*, que l'on trouve si souvent dans les écrits de Linné. C'est, en effet, sur les toits qu'il faut herboriser à Hammersferst, et souvent j'ai emprunté une échelle chez le propriétaire de la maison pour aller cueillir les plantes qui croissaient autour de sa cheminée. Celles qu'on y trouve le plus souvent sont : cochléaria anglica, lychnis sylvestre, chrysanthème inodore, thlaspi bourse à pasteur, poa des prés et des champs. En automne, lorsque les fleurs jaunes du chrysanthème inodore sont largement épanouies au milieu d'un gazon verdoyant, ces prairies suspendues rivalisent de beauté avec celles de nos climats et donnent à la ville une physionomie riante qui contraste heureusement avec la nature sévère qui l'environne. »

Sous ces hautes latitudes, toutes les maisons sont en bois, quoique la pierre y abonde; mais il n'y a pas de pierre qui puisse résister à la rigueur des hivers. Elle se gerce, se fend et tombe en poussière. La plupart de ces maisons ne reposent pas sur le sol, mais sur de gros troncs de sapin placés debout à chaque angle. L'espace resté vide entre le plancher et la terre sert de remise : on y met le bois de chauffage, les traîneaux, les filets de pêche, etc.

Les quais de débarquement sont aussi en bois; c'est une espèce de plate-forme qui longe les magasins situés sur le port.

Dans l'île de Mageroë, ou île maigre, voisine de l'île Hwaloë, se trouve le cap Nord, le point le plus septentrional de l'Europe. Cette île est inhabitée. Malgré le désir que les explorateurs de l'Océan arctique ont presque tous de faire l'ascension de ce cap fameux, il est souvent impossible de débarquer à Mageroë, défendue par une ceinture de glaces.

M. Charles Martins, ayant pu y aborder, dit qu'il fut agréablement surpris, en descendant à terre, de se trouver au milieu d'une riche prairie semblable à celles qu'on voit au pied des Alpes. L'herbe haute et touffue lui venait aux genoux, et il rencontrait à l'extrémité de l'Europe les fleurs qu'il avait souvent admirées en Suisse; il les trouvait aussi vigoureuses, aussi brillantes et même plus grandes que dans leurs montagnes.

« A droite, dit-il, se trouvait la masse imposante du cap Nord, escarpée, inaccessible. Devant nous se déroulait une pente raide, mais verdoyante, qui permettait d'atteindre le sommet, en contournant la base.... Je recueillais avec ardeur toutes les plantes qui s'offraient à ma vue; il me semblait qu'elles avaient un intérêt particulier, comme étant, pour ainsi dire, les plus robustes et les plus aventureuses de leurs sœurs européennes. Je me plaisais à retrouver parmi elles des végétaux des environs de Paris. Ils me semblaient dépaysés comme moi sur ce rocher noir battu par les flots. J'étais tenté de leur demander pourquoi elles avaient quitté les lisières des

champs cultivés et les ombrages paisibles du bois de
Meudon, où elles recevaient les hommages des bota-
nistes parisiens, pour vivre tristement parmi des étrangers.... »

M. Louis Enault, dans un intéressant ouvrage sur la
Norwège, raconte ainsi son excursion au cap Nord :

« Le cap Nord est à douze ou quinze milles du fiord de
Giestvar. Nous franchîmes cette courte distance par un
temps assez calme. Nous avions à gauche la pleine mer,
à droite la côte de l'île. Toute cette côte est semblable à
une haute muraille formée de couches perpendiculaires :
à la base, des brisants et des écueils ; au sommet, une
crête au fil droit, et dentelée de pointes aiguës. Au
milieu de ce boulevard de rochers, nous aperçûmes de
loin une grande tour carrée, faisant saillie et flanquée de
bastions épais : c'était le cap Nord.

« Au lieu de prendre terre immédiatement, nous pous-
sâmes une pointe au large, à un quart de mille, pour
mieux saisir l'effet d'ensemble. La masse énorme s'élève
à pic du sein de la mer, sombre, morne, hautaine, ina-
bordable. Immobile comme l'arc-boutant d'un monde,
solide comme le contrefort d'un continent, elle révèle, au
premier regard, l'idée d'une inébranlable puissance.

« Nous doublâmes la pointe et nous pénétrâmes dans
une seconde baie, très petite, creusée et arrondie par la
nature, au sein même de la montagne. Le cap versait sur
nous son ombre immense. Autour de la baie, une enceinte

de rochers semi-circulaires dessine nettement ses contours.
Tantôt ces rochers noircis s'émiettent; tantôt ils se partagent en larges lames, comme des feuilles d'ardoise ou
des tables de marbre. Entre la mer et ces rochers, une
couche de terre végétale se recouvre de gazon et de
fleurs. Ce sont des andromèdes et des renoncules gla-
ciales, le petit œillet des bois, le géranium sauvage,
l'angélique et le wergiss-mein-nicht, qui semble éclore
en ces parages lointains comme pour rappeler un souvenir à l'âme oublieuse. Sur les pierres, entre les fleurs et
les gazons, un ruisseau d'argent scintille et murmure.

« Le cap Nord est une montagne d'environ mille pieds
de hauteur, coupée à pic du côté de la mer, et de toutes
parts presque inaccessible. Les pentes sont toujours
escarpées et raides, souvent rendues glissantes par des
bandes de mousse humide et courte, serrée, élastique et
repoussant d'elle-même le pied, qui ne rencontre aucun
appui; d'autres fois, il faut franchir des amas de pierres
roulantes, qui se détachent dès qu'on les touche, ou bien
encore des masses de rochers qu'il faut gravir comme
par escalade. Çà et là, dans les anfractuosités qui
retiennent un peu de terre végétale, les bouleaux nains
essaient de lever leurs têtes éplorées et bientôt retombent
sur le sol, où ils se tordent, végètent, rampent et
meurent. Parfois, à quelque distance, la mouette, per-
chée sur une pointe de rocher, nous regardait de son œil
clair et perçant, et, rassurée par notre air pacifique

continuait son rêve, sans même tourner vers nous sa tête immobile. Les corbeaux croassants rasaient le sol en noirs tourbillons, tandis que, dans le ciel éthéré, les aigles et les faucons décrivaient des orbes immenses.

« Enfin, nous atteignîmes la dernière cime, plateau en terrasse, couvert d'un humus jaunâtre, que se disputent des mousses et des lichens, et où, sur des couches de granit sombre, étincelle la blancheur du quartz.

« Quand je me sentis sur cette dernière pointe du vieux continent européen, j'éprouvai une des plus profondes émotions de ma vie de voyageur....

« Il était minuit un quart. Le soleil était tout entier au-dessus de l'horizon. C'est à peine si le bord inférieur de son disque effleurait la crête des flots empourprés. Là, l'astre infatigable fournit une carrière de quatre mois sans repos, avant d'aller tomber dans la mer. Seulement il ne paraît pas suivre sa marche accoutumée. Au lieu de tracer sur nos têtes un arc lumineux, dont une pointe s'appuierait à l'orient et l'autre à l'occident, il glisse doucement sur la courbe insensible d'une ellipse démesurément allongée.

« Du reste, la lumière n'est pas la même à toute heure ; ses nuances varient selon la position de l'astre qui la produit. Si le soleil du midi lance, comme chez nous, des rayons ardents ; si, vers dix heures, son disque oblique se plonge dans des flots de pourpre qui teignent

la moitié du ciel, souvent, à minuit, quand il effleure la
ligne de l'horizon, sa lumière, décomposée par un prisme
invisible, hésite et se dégrade dans les demi-tons verdâtres et jaunes d'une gamme peu étendue, mais infiniment variée. Les objets revêtent alors des teintes fantastiques ; et quelle que soit la clarté de l'atmosphère, on
sent pourtant que ce n'est pas là le jour véritable de
l'action et du mouvement. Parfois, pendant ce long jour,
la lune se rencontre dans le ciel avec le soleil, chacun de
ces astres régnant sur une partie de l'horizon. A mesure
que le soleil s'avance dans sa gloire, tout ruisselant d'or
et de feu, la lune, toujours belle dans sa pâleur, s'enfuit
et se laisse voir à travers le voile nacré des nuages. »

Nos lecteurs savent qu'à mesure qu'on s'avance vers
les pôles, les jours s'allongent tellement pendant l'été,
qu'ils finissent par durer six mois, et qu'une nuit d'égale
durée leur succède. A Hammersferst, au cap Nord et
dans toutes les régions situées sous la même latitude,
c'est-à-dire à 5° environ au delà du cercle polaire, on a
près de trois mois de jour et de trois mois de nuit. Si
nous nous y trouvions transportés, il nous serait bien
difficile de nous habituer à ce jour sans fin. On ne sait
plus quand on doit se lever ni se coucher, et il devient
impossible de se rendre compte du temps écoulé, si l'on
n'a pas soin de faire une remarque au calendrier chaque
fois que l'aiguille d'une bonne montre a fait deux fois le
tour du cadran.

La Laponie, qui s'étend du 64° au 71° de latitude nord, est divisée en deux parties : la Laponie suédoise, qui compte 63,000 habitants, et la Laponie russe, qui n'en compte pas plus de 5,000. Ce pays, encore peu connu, est couvert de neige et de glace pendant la plus grande partie de l'année : c'est dire qu'il est à peu près stérile. Le blé n'y croit point, et ce n'est que dans la partie méridionale de cette contrée qu'on récolte un peu d'orge. Des bouleaux nains, quelques arbustes chétifs, des mousses et des lichens sont la seule végétation qu'on remarque vers le nord.

Les Lapons ne ressemblent pas aux autres populations septentrionales de l'Europe. Leur taille, leurs traits, leur langage annoncent une origine asiatique; aussi croit-on qu'ils sont les descendants des Scythes de l'Oural. On les représentait naguère encore comme de véritables nains; c'était une exagération. Ils ne sont ni aussi petits ni aussi laids que les rares explorateurs de leur pays le prétendaient avant qu'on eût vu en France un échantillon de cette race ; mais il y a quelques années une famille entière de Lapons, ayant amené des rennes au Jardin d'Acclimatation, consentit à y passer un certain temps et y devint l'objet de la curiosité publique.

Leur taille varie le plus ordinairement entre 1 mètre 40 et 1 mètre 60. Ils ont les cheveux noirs et droits, les pommettes saillantes, le nez aplati, les yeux petits et légèrement relevés vers les tempes, comme ceux des

Chinois, et l'on remarque dans leur langue une certaine analogie avec celle des Tartares.

Leur costume, à peu près le même pour les deux sexes, se compose d'une chemise de peau de mouton ou d'autre animal, dont ils tournent la fourrure en dedans, et sur laquelle ils portent en hiver une tunique et un manteau à capuchon faits de peaux de rennes, et en été une blouse de laine que chacun orne suivant sa fantaisie. De longues guêtres et des souliers en peau de renne complètent cet accoutrement ; mais, tandis que les hommes couvrent leurs longs cheveux d'une calotte de drap, les femmes portent sur une tête mal rasée une sorte de casque en drap vert ou bleu.

Les Lapons sont agriculteurs ou pêcheurs ; les premiers élèvent des rennes qui fournissent à tous leurs besoins ; les derniers sont les plus pauvres, la pêche n'étant pas toujours fructueuse.

Le renne est l'unique richesse de ce peuple déshérité. Il donne pendant l'été un lait excellent, dont on prépare des fromages, qui se gardent toute l'année, et sa chair noire, d'une saveur particulière, entretient dans le modeste ménage une abondance relative. En hiver, le Lapon, enfermé dans sa hutte, serait privé de toute communication avec les habitants des autres pays, s'il n'avait la ressource d'atteler le renne à son traîneau.

Ce brave coursier, dont la vitesse surpasse celle du cheval, est doué d'une patience et d'un courage admi-

rables. Pour devenir une bonne bête de trait, il a besoin
d'être dressé ; et comme il est intelligent et docile, on y
arrive sans qu'il soit nécessaire de le maltraiter. Quand
il est ensuite habilement conduit et doucement guidé, il
paraît insensible à la fatigue, à la faim, et il se contente,
pour apaiser sa soif, de ramasser, tout en courant, une
bouchée de neige.

Le Lapon est riche, il est fier, il est heureux, quand
il possède un troupeau de cinq cents rennes. Deux cents
représentent encore une certaine aisance ; mais celui qui
n'en a pas un cent ou cinquante au moins, est à plaindre ;
car il est obligé de joindre ce petit troupeau à celui d'un
propriétaire plus favorisé, dont il devient le serviteur.

Le renne sait trouver sous la neige la mousse et les
lichens dont il se nourrit ; mais si une épaisse couche de
glace l'empêche de brouter ces pauvres plantes, il languit
et ne tarde pas à périr. On a vu de superbes troupeaux
détruits ainsi en peu de temps.

Le renne sauvage est plus grand, plus fort et plus beau
que le renne domestique. Il vit sur les montagnes, dans
les marais, dans les plaines couvertes de neige, tant qu'il
y trouve le lichen qu'il affectionne et qui s'offre à lui en
épaisses touffes jaunes ressemblant à nos scaroles. Quand
cette nourriture vient à lui manquer, il émigre en troupes
immenses, et, pour ménager leurs rennes domestiques,
les habitants des pays qu'il traverse lui font une chasse
meurtrière.

C'est ordinairement au passage des rivières que les rennes émigrants sont attendus par les chasseurs. Les plus hardis montent dans des canots, pour attaquer ces animaux, qui nagent d'abord en bon ordre ; mais bientôt les blessés mettent le trouble dans la colonne; ils ruent, piaffent, entremêlent leurs bois, et les chasseurs profitent de ce moment pour faire de nombreuses victimes.

L'Arabe se passerait peut-être encore plus facilement du chameau que le Lapon ne se passerait du renne, auquel il doit la nourriture et le vêtement. La chair de ce précieux animal se mange fraîche ou salée ; sa moelle sert de beurre ou de pommade ; ses nerfs et ses tendons fournissent des cordons et du fil ; ses boyaux, des cordes d'arc et des filets de pêche. Son cuir est employé à fabriquer de solides chaussures, et sa chaude fourrure préserve des rigueurs de l'atmosphère l'habitant de ces tristes régions. Son sang, qu'on recueille avec soin, est enfermé dans sa panse, grossièrement nettoyée, et l'on s'en sert pour faire de la soupe. Les lichens qu'on trouve dans son estomac sont pour le Lapon un délicieux régal, après qu'on les a assaisonnés d'un peu de sa graisse, en y ajoutant de la viande hachée. Ses excréments mêmes sont utilisés : on les façonne en mottes et l'on en fait du feu.

C'est au chef de la famille qu'appartient le privilège de tuer le renne domestique, d'en préparer, d'en faire cuire les diverses parties, et d'en manger le premier jusqu'à ce qu'il en soit rassasié. Le tour de sa femme et de ses enfants vient ensuite. Le soin de confectionner les vêtements regarde la femme, et elle s'en acquitte généralement avec beaucoup d'adresse.

Les Lapons vivent très chétivement; ils ignorent toute espèce de confort; leurs habitations ne sont que des tentes ou de misérables huttes, sans autres meubles que des coffres de bois qui servent de sièges, de lits et d'armoires; cependant ils atteignent un âge avancé, et les centenaires ne sont pas rares chez eux.

Le Spitzberg est un groupe d'îles, dont les quatre plus grandes sont : le Spitzberg occidental, la Terre du Nord-Est, la Terre de Barentz et la Terre des Etats. Les petites îles qui se rattachent à cet archipel sont très nombreuses; mais la plupart n'ont été qu'aperçues par les navigateurs.

L'île du Spitzberg occidental est la mieux connue; cependant les navigateurs qui l'ont visitée n'ont pu dire si elle ne forme réellement qu'une seule île ou si les deux golfes très étroits et très longs qui s'y enfoncent au nord et au sud se rejoignent et la partagent en deux.

Quoi qu'il en soit, ce qu'on appelle l'île du Spitzberg a environ soixante lieues de long sur trente-cinq de large. Située entre le 77° et le 81° de latitude nord, elle est hérissée de rochers qui lui ont fait donner le nom qu'elle porte, le mot Spitzberg signifiant montagne pointue. Le dernier de ces rochers, celui qui regarde le pôle, dont il n'est guère éloigné que de 250 lieues, s'appelle la pointe d'Hockluyt. Il est en tout temps couvert de neige, comme les autres hauteurs, qui ne sont séparées entre elles que par des glaciers, dont chaque année augmente l'épaisseur.

Il est inutile de dire que le groupe du Spitzberg est inhabité. De temps en temps seulement, quelques baleiniers abordent dans la grande île, dont les parages sont encore fréquentés, sinon par de nombreuses baleines, au moins par des phoques et des morses.

Le Spitzberg a été découvert en 1553 par un explorateur anglais, Hugh Willoughby, et signalé en 1595 par Guillaume Barentz, qui crut l'avoir vu le premier. Il appartient à la Russie, ainsi que la Nouvelle-Zemble, dont le nom signifie Nouvelle-Terre.

IV.

Terres polaires asiatiques et américaines.

La Nouvelle-Zemble est composée de deux grandes îles séparées par le détroit de Matotskine. Elle est fréquentée en été par les chasseurs de rennes sauvages, d'ours blancs, de renards bleus, et par des pêcheurs qui poursuivent les phoques et les morses.

L'archipel de la Nouvelle-Sibérie, situé sous le 75° de latitude nord, a été découvert par les navigateurs russes Wrangel et Anson, en 1821, 1822 et 1823. Il renferme des îles dont le climat n'est pas moins rude que celui des régions polaires européennes.

La Russie américaine n'est séparée de la Sibérie que

par le détroit de Behring. Sa partie septentrionale, terminée par le cap Glacé, se trouve dans l'océan Glacial, ainsi que plusieurs contrées voisines peu connues; mais on désigne spécialement sous le nom de terres polaires les îles séparées du continent américain par des détroits dont une grande quantité de glaces rendent la navigation très difficile. Ces îles et ces détroits portent presque tous les noms des célèbres explorateurs qui les ont découverts ou qui ont hiverné sur leurs côtes, après avoir été forcés d'abandonner leurs navires engagés dans les glaces.

Nous citerons seulement la grande île Melville, l'île Bathurst, l'île Cornouailles, l'île Byam-Martin, l'île d'Elkington et du prince Patrick, qui forment l'archipel Parry, non loin duquel se trouve le Devon septentrional. A la pointe occidentale de cette terre, est située la petite île Beechey, qui a été longtemps le point de ralliement des expéditions arctiques.

La terre de Baffin longe, à l'ouest, la mer du même nom, et de l'autre côté de cette mer s'étend la vaste presqu'île du Groënland. Nous disons presqu'île, parce que la partie méridionale du Groënland en a toute l'apparence; mais il est possible que cé soit une île; car on ne connaît que bien imparfaitement la partie septentrionale, qui se perd dans les glaces polaires.

Le mot Groënland signifie terre verte; cependant les côtes de ce pays sont hérissées de rochers couverts de neige et de glace, que le soleil de l'été ne fond pas toujours complètement. Au midi, toutefois, la température est plus douce et la végétation s'y montre. A l'abri des roches découpées qui forment de nombreux fiords, croissent des saules et des bouleaux. On y cultive des légumes, des groseilliers et quelques arbustes. Les autres parties ne produisent guère que des mousses et des lichens.   .

La population de cette immense terre n'atteint pas 10,000 âmes, en y comprenant environ 1,200 Danois, dont les premiers établissements remontent à l'année 1721. Tout le commerce est entre leurs mains. Il se réduit d'ailleurs à l'échange des provisions apportées par des navires européens contre des huiles de phoque ou de baleine, des fanons, des dents de morses et de l'édredon.

Les autres habitants du Groënland et de la plupart des terres peu connues de l'extrême nord du continent américain sont de race asiatique et portent le nom d'Esquimaux. Ceux du Groënland méridional sont protestants. On ne connaît pas la religion de ceux du nord. Ils vivent de chasse et de pêche, habitent l'été des tentes de peaux de phoques, et se creusent l'hiver des huttes dans d'énormes masses de neige et de glace.

Ils mènent une vie très misérable, qui cependant ne semble pas leur peser ; et si triste que soit leur pays, ils y sont sincèrement attachés. Très habiles à manier leurs légères embarcations, ils poursuivent, le long de leurs côtes, le phoque, le morse et le narval.

Ces embarcations ne ressemblent à aucune autre ; on ne peut guère les comparer qu'à la navette d'un tisserand. Elles n'ont pas même un demi-mètre dans leur plus grande largeur, et leur profondeur reste au-dessous de vingt-cinq centimètres ; mais elles ont cinq mètres et demi de longueur, et se terminent de chaque côté par une pointe aiguë et recourbée. Les os de baleine ou le bois employés à leur construction sont entièrement recouverts de peaux de phoques. Ces peaux viennent s'attacher autour d'un cercle placé au milieu, et dans lequel le pêcheur se place. Lui-même est vêtu d'une espèce de tunique, aussi en peau de phoque, dont il fixe le bord à ce cercle au moyen d'un lacet. Il ne fait plus qu'un avec son canot, et il ne craint pas que l'eau y pénètre ; car ces peaux rendues imperméables sont cousues avec un soin extrême par les femmes groënlandaises.

L'Esquimau manœuvre ce bateau, appelé kayak, à l'aide d'une seule rame, qu'il tient par le milieu, et dont il enfonce alternativement à droite et à gauche les deux extrémités larges et aplaties. L'esquif obéit à la moindre impulsion ; et, même pendant la tempête, celui qui le monte ne craint pas d'être submergé. Ce n'est plus un homme, c'est un poisson ; aussi son bonheur est-il de se sentir ballotté par les flots. Le sol de son pays ne produisant presque rien, c'est la mer qui le fait vivre. Il aime à rencontrer le renne sauvage ; il chasse l'ours blanc, soit à terre, soit sur les glaçons. Il n'est pas armé pour faire la guerre à la baleine, et ne peut s'attaquer à cette proie qu'avec les baleiniers danois établis sur les côtes ; mais il sait s'emparer du phoque, et c'est le phoque qui le nourrit.

Le morse et le narval fréquentent aussi ces parages ; mais le morse se défend mieux que le veau marin (espèce de phoque), et le narval est si difficile à atteindre, que les baleiniers eux-mêmes ne le poursuivent qu'à défaut d'autre gibier.

Les oiseaux abondent au Groënland et dans toutes les contrées polaires, au Spitzberg surtout. Les mouettes blanches, les goélands, les pingouins, les perroquets de mer, les pétrels, les guillemots, les oies bernaches, et beaucoup d'autres, s'y rencontrent, sans oublier le corbeau, qui est de toutes les latitudes ; mais le plus précieux des oiseaux du Nord, c'est l'eider, dont le duvet est très recherché.

Pour se procurer l'édredon, on ne tue pas l'eider ; il l'arrache lui-même pour en garnir son nid ; mais, si bien qu'il cache ce nid, on le trouve, on enlève le duvet qui devait recevoir les œufs, et l'oiseau est forcé de se dépouiller de nouveau.

Le chien des Esquimaux est un des animaux les plus précieux des régions polaires, et c'est peut-être le plus à plaindre de tous. Son maître n'a pour lui nulle pitié ; il lui prodigue les coups, lui fait endurer la soif et la faim, l'attelle à son traîneau, lui fait porter des fardeaux, et ne paraît nullement sensible aux services qu'il en reçoit.

L'existence des Esquimaux est cependant liée à celle de ces vaillants chiens ; car c'est seulement grâce à eux qu'ils peuvent tirer profit des chétives ressources de leur malheureux pays.

Pendant la courte durée de l'été, ils chassent le renne sauvage. En hiver, lorsque la faim, les tirant de leurs misérables huttes, les oblige à se mettre en quête de nouvelles provisions, ils poursuivent le veau marin dans les retraites qu'il se ménage sous la glace, ou bien ils attaquent l'ours qui rôde le long des côtes ; or, toutes ces ressources leur seraient interdites sans le courage et la sagacité de leurs chiens. Ces animaux aperçoivent à un quart de lieue le trou d'un veau marin ; ils sentent un renne ou un ours à une distance presque aussi grande. L'ardeur qu'ils ont pour attaquer ce dernier est telle, que, lorsqu'ils sont attelés à un traîneau, il suffit de prononcer le mot de *ncuvrouk*, qui est le nom de l'ours dans la langue des Esquimaux, pour que tout l'attelage parte au grand galop. Cette ardeur, jointe à la faim qui les presse continuellement en hiver, les rend difficiles à gouverner, de sorte que si, dans leur course, ils sentent un renne, un ours ou un veau marin, il est presque impossible de les empêcher de courir sus.

« Le point le plus important, lorsqu'on forme un atte-lage, est de choisir un bon chef de file, dit Steller. Pour cela, on n'a égard ni à la taille, ni à l'âge, ni au sexe ; ce que l'on cherche, c'est que le chien soit intelligent et qu'il ait un bon nez. Quand à ces deux qualités, qui sont les principales, se trouve jointe une grande force, l'animal est sans prix. Les autres chiens sont disposés d'après le même principe, c'est-à-dire qu'ils se trouvent d'autant plus en avant qu'ils ont plus d'intelligence et meilleur odorat.

« Le conducteur du traîneau est assis à l'avant, jambe de çà, jambe de là, ses pieds touchant presque à la neige. Il porte à la main un fouet long de six mètres et demi, y compris le manche, qui a environ cinquante centimètres et qui est fait de bois ou d'os de baleine. Ce n'est que par un long exercice qu'on peut apprendre à se servir d'un pareil fouet ; mais les Esquimaux sont habitués à le manier dès l'enfance, et cela fait chez eux partie essentielle de l'éducation. »

Du reste, en conduisant leurs traîneaux, ils évitent autant que possible de faire usage du fouet, dont l'effet immédiat est de retarder la marche, au lieu de l'accélérer. Le chien qui reçoit un coup de fouet mord son plus proche voisin ; celui-ci en fait autant à un troisième ; le désordre se met dans tout l'attelage, et il arrive souvent que les traits des harnais sont emmêlés de telle sorte, qu'il faut beaucoup de temps pour les débrouiller, après que le calme est rétabli. L'Esquimau ne se sert guère du fouet que pour châtier un chien qui le mérite.

Pour faire hâter le pas à l'attelage, pour le faire
tourner à droite ou à gauche, sa voix suffit ordinairement.
Le chef de file y est fort attentif et comprend parfaitement
les ordres qu'on lui donne, surtout quand on a le soin de
le prévenir en prononçant son nom. On le voit alors
tourner la tête par-dessus son épaule, sans ralentir
son pas, comme pour dire qu'il sait ce qu'on attend de
lui.

Un bon chef de file est très précieux, surtout quand la
nuit est noire, que la neige nouvellement tombée efface
les traces et que la tempête fait rage. Presque jamais il
ne s'égare ; aussi le conducteur s'en rapporte t-il
à l'instinct de cet animal bien plus qu'au sien propre.

On ne peut dire que le chien des Esquimaux soit
attaché à son maître. Sans nul doute, il serait sensible
aux caresses et aux bons traitements ; mais il n'en a
jamais reçu. Il n'obéit que par crainte du châtiment, et
toujours il est prêt à se révolter ou à s'échapper.

Plus grand et plus fort que notre chien de berger, il
est couvert en été d'un beau poil lisse, et en hiver d'une
épaisse fourrure. Il est noir et blanc, et quelquefois tout
noir ou tout blanc. Ses oreilles sont droites, son museau
effilé, et il ressemble tellement au loup des contrées qu'il
habite, que le célèbre navigateur Parry prit un jour pour
une bande de chiens douze loups que poursuivaient des
chasseurs indigènes.

Les chiens du Kamtchatka semblent appartenir à la

même souche et rendent aux habitants de ces rudes climats les mêmes services que les chiens des Esquimaux. Ils ne sont guère mieux traités. La nourriture ne leur manque pas depuis le printemps jusqu'en automne. Ils jouissent de leur liberté, l'emploient à guetter le poisson sur le bord des rivières, le happent avec beaucoup d'adresse et font parfois une pêche assez abondante pour ne manger que les têtes de leurs victimes. Mais quand arrive le mois d'octobre, on les attache à des piéux disposés autour de la hutte; et pour les débarrasser de la graisse qui nuirait à la rapidité de leur course, on les laisse jeûner; aussi remplissent-ils l'air de plaintifs hurlements.

Ils en font autant lorsqu'on les attelle, et ils lèvent la tête au ciel, comme pour protester contre la rigueur de leur sort, dit le naturaliste Steller; mais une fois qu'ils ont pris leur course, ils se taisent.

La peau des chiens du Kamtchatka sert à faire des vêtements très chauds et très solides, dont les poils ne tombent pas et ne prennent aucune humidité. Une tunique de peau de chien a autant de valeur qu'une de peau de castor ou de renard; c'est la parure des jours de fêtes.

Les chiens du Kamtchatka sont voleurs, peureux, lâches et défiants; ils n'ont ni affection ni fidélité pour leur maître; toujours, au contraire, ils cherchent à lui sauter à la gorge. Il faut employer la ruse pour les

atteler, et dans les mauvais passages, dans les forêts, au
bord des rivières, sur les pentes des montagnes, ils ont
la détestable habitude, dit le même auteur, de courir à
fond de train, cherchant ainsi à briser le traîneau et à
ressaisir leur liberté.

Les chiens de la Sibérie, un peu mieux traités, sont
aussi plus doux et plus dociles. On s'occupe beaucoup de
leur éducation, et ce n'est pas sans raison ; car un bon
chef de file, intelligent et bien dressé, rend les plus
grands services à son maître. Il se charge même de faire
perdre aux autres chiens de l'attelage leurs mauvaises
habitudes. Quand la nuit est noire ou que la neige, sou-
levée par un vent impétueux, recouvre toutes les traces et
menace de mort le voyageur, le chef de file n'hésite pas
sur le chemin qu'il doit prendre, afin de gagner quelqu'une
des huttes situées de loin en loin pour abriter ceux qui
sont en danger.

Dans toutes les contrées polaires, le chien remplace le
cheval comme bête de trait. Non seulement le fourrage
manquerait pour nourrir ce dernier, mais il enfoncerait
dans les neiges profondes sur lesquelles le chien court ;
et quand les rivières n'ont qu'une mince couche de glace,
cette couche se briserait sous les pieds du cheval.

Les chiens esquimaux rendent d'importants services
aux explorateurs des mers polaires. Quand leurs bâtiments
sont engagés dans les glaces, que tout chemin leur est
fermé, ils ont besoin de chiens pour s'approvisionner de

gibier, pour franchir en traîneau de longues distances ; et
sans ces attelages, plusieurs découvertes importantes
dont nous parlerons bientôt n'auraient pu être faites. C'est
grâce à ses chiens que Mac-Clure a trouvé le fameux
passage du nord-ouest, qui depuis plusieurs siècles était
le but des expéditions polaires ; et plus tard, Hayes
n'aurait pas vu la mer libre du pôle, s'il n'avait pu rem-
placer par un traîneau sa goëlette, restée au port
d'hivernage.

Quelquefois l'Esquimau qui vend les chiens consent à
s'embarquer avec eux ; et ceux-ci, connaissant sa cruelle
sévérité, lui restent soumis ; mais si l'on a les chiens
sans le conducteur, il faut faire un apprentissage assez
pénible avant de savoir les diriger. Hayes raconte ainsi la
lutte qu'il soutint un jour contre ces animaux si difficiles
à maîtriser.

« Désirant essayer mes forces, dit-il, j'avais voulu
faire le tour du port. Le vent soufflait arrière, et tout
allait à merveille ; mais quand il fallut revenir, les chiens
ne furent pas de mon avis : ils ne détestaient rien autant
que de marcher vent debout. Frais et gaillards, ils se
sentaient tout disposés à agir à leur guise ; je pense aussi
qu'ils voulaient fixer leur opinion sur le nouveau conducteur qui se mêlait de les diriger. Nous étions assez bons
amis ; je les caressais souvent ; mais ils n'avaient pas
encore éprouvé la force de mon bras.

« Après beaucoup de difficultés, je réussis à les faire

tourner ; mais je ne pouvais les retenir dans la voie que
par le constant usage du fouet, et comme, trois fois sur
quatre, le vent me le renvoyait dans les yeux, il me fut
bientôt impossible de continuer. La bise me glaçait le
visage, et mon bras, peu habitué à un exercice aussi
violent, retomba presque paralysé. La longue courroie du
fouet traînait derrière moi sur la neige.

« Les chiens ne furent pas longtemps à s'apercevoir de
ce qui se passait ; ils regardèrent sournoisement par-
dessus leurs épaules, et, ne se voyant plus menacés,
ils s'aventurèrent doucement vers la droite. Le silence
prolongé de la terrible lanière augmentait à chaque
instant leur audace et leur vitesse ; enfin, se croyant
décidément les maîtres, ils tournèrent court, dressèrent
leurs queues au vent, et s'élancèrent du côté opposé,
avec la joie d'une bande d'enfants délivrés de l'école et
avec l'entrain sauvage d'une dizaine de loups courant
après une proie assurée. Comme ils sautaient ! comme
ils aboyaient ! comme ils s'égayaient de cette liberté
imprévue !

« Celui-là seul qui, après avoir pendant des heures
entières lutté contre des chevaux fougueux, a pu enfin
goûter un peu de repos, lorsque ces indociles coursiers
montaient lentement une âpre et longue côte, celui-là
seul comprendra la satisfaction avec laquelle je sentis la
force me revenir.

« Dès que je pus de nouveau brandir mon fouet, je

m'arrangeai de manière à pousser la bande intraitable au milieu d'un groupe de hummocks et de monceaux de neige qui ralentirent un peu sa course effrénée, puis, sautant à terre, je saisis les montants du traîneau et je l'enrayai, en enfonçant profondément les pointes des patins dans la neige. Les fuyards étant alors solidement ancrés, une vigoureuse application de nerf de phoque les convainquit bientôt des avantages de l'obéissance, et lorsque, après avoir retourné le traîneau, je donnai le signal du départ, ils se mirent à trotter, de l'air le plus humblement soumis, faisant face au vent sans mot dire et sans broncher. Ils se rappelleront cette leçon, et je ne l'oublierai pas non plus. »

V.

[L'Ours polaire.

Etudions maintenant un peu les mœurs des autres ani--
maux qui habitent les régions polaires.

L'ours blanc est le plus redoutable de tous. On ne le
voit au sud du 55° de latitude nord que quand il a été
entraîné par les glaces flottantes ; mais si loin que les
navigateurs se soient avancés sous la zone glaciale de
l'Europe, de l'Asie et de l'Amérique, ils l'y ont toujours
rencontré.

Plus grand que l'ours brun, l'ours polaire a le cou
mince et long, la tête aplatie, le front fuyant, le museau
pointu, les oreilles courtes, les narines largement ouvertes,

et la gueule si fortement armée, qu'il peut couper en deux une barre de fer de dix centimètres d'épaisseur. . . .

Son corps est garanti du froid et de l'humidité par un duvet court et épais, recouvert de poils fins, lisses et brillants, plus longs aux pattes, sous le ventre et sur le train de derrière, que sur la tête et sur le cou. Cette fourrure est d'un beau blanc chez les oursons; mais à mesure qu'ils avancent en âge, elle prend une teinte jaunâtre.

La femelle est plus petite que le mâle. Celui-ci peut atteindre de deux mètres à deux mètres et demi de long. Guillaume Barentz dit même en avoir tué un dont la peau avait près de quatre mètres.

L'ours blanc est amphibie : pendant le court été des régions qu'il affectionne, il parcourt les forêts, se nourrit de fruits, de racines, et d'animaux auxquels il donne la chasse. Sa démarche ordinaire est lourde; mais quand un danger le menace ou que la faim le presse, il court, il bondit, et le renne devient souvent sa proie.

Il nage encore beaucoup mieux qu'il ne court; il peut, dit un baleinier, soutenir fort longtemps une vitesse de trois milles anglais à l'heure, et trois milles anglais font un peu plus d'une lieue de France. Quand il est fatigué, il se repose sur quelque glace flottante, et se laisse emporter par le courant beaucoup plus loin parfois qu'il ne voudrait aller. Il a faim et ne trouve pas sur ces îles de quoi satisfaire son robuste appétit; il arrive furieux sur des rivages inconnus, bien loin de ceux où il est né. C'est ainsi qu'on en voit en pleine mer et jusque dans l'archipel du Japon.

En Europe, le séjour de prédilection de ce grand carnassier est le voisinage du Spitzberg. En Asie, c'est la Nouvelle-Zemble. En Amérique, ce sont les côtes de la baie de Baffin, de la baie d'Hudson, du Labrador et du Groënland.

Le baleinier Scoresby dit en avoir vu dans ces derniers parages des bandes nombreuses, qui de loin ressemblaient à des troupeaux de moutons.

Quand les glaces flottantes en amènent sur les côtes de l'Islande, les habitants courent aux armes pour défendre leur vie et leur bétail; car ces affamés se jetteraient sur tout ce qu'ils rencontreraient. Comme les autres carnassiers, l'ours blanc est beaucoup moins à craindre quand il est repu.

Sa nourriture ordinaire se compose de tous les animaux qui vivent dans les eaux glacées ou sur leurs pauvres plages. C'est un très habile pêcheur auquel la ruse est familière; il saisit les poissons qui nagent entre les blocs errants pour les prendre; il creuse même des trous dans la glace, à l'aide de ses ongles puissants, ou bien il les pousse vers l'embouchure des ruisseaux, où il lui est facile de s'en repaître. Il guette les phoques, et souvent, pour s'en emparer, il plonge et gagne la brèche par laquelle ces prudents animaux cherchent un asile dans les flots. Il attaque les jeunes baleineaux, en l'absence de leur mère ; et dans les parages où l'on chasse la baleine, il trouve à se nourrir de ses dépouilles.

La femelle a beaucoup de tendresse pour ses oursons ; elle prépare d'avance leur berceau, soit sous des rochers ou des blocs de glace, soit dans la neige, qu'elle creuse profondément et dont elle se laisse ensuite recouvrir. Elle donne naissance à deux ou trois petits, pas plus gros que des lapins ; elle les allaite, les soigne avec sollicitude et reste enfermée avec eux du mois de décembre au mois de mars. Elle les fait sortir alors, pourvoit à leur nourriture et s'occupe de leur éducation. Elle les habitue à se risquer sur les glaces et dans les flots ; quand ils sont fatigués, elle les prend sur son dos ; si on les attaque, elle les défend ; et quand elle découvre quelque bon morceau, elle le leur partage, sans paraître songer à elle-même.

Un baleinier raconte le fait suivant :

« Pendant que le navire *la Carcasse* était emprisonné dans les glaces, on signala du haut des hunes trois ours blancs qui s'acheminaient vers le bâtiment, attirés par l'odeur de la viande de morse que les matelots faisaient cuire sur la glace. C'était une ourse conduisant deux oursons, déjà presque aussi forts que leur mère. Ils se précipitèrent sur le foyer, saisirent un grand morceau de viande que le feu n'avait pas encore atteint, et le dévorèrent. L'équipage leur lança d'autres morceaux ; la mère les ramassa, en fit la distribution et donna à ses petits la meilleure part.

« Au moment où elle prenait le dernier morceau, les matelots firent feu, et les deux oursons restèrent sur la place ; ils tirèrent aussi sur la mère, qui fut atteinte, mais non abattue. Son désespoir eût ému les cœurs les moins accessibles à la pitié. Sans faire attention aux blessures dont elle était couverte, au sang qu'elle répandait, elle ne s'occupait que des deux oursons. Elle les appelait par des cris lamentables, plaçait devant eux la part de nourriture qu'elle s'était réservée et la leur dépeçait. Comme ils restaient immobiles, ses gémissements devinrent encore plus touchants ; elle essaya de les relever, et, reconnaissant l'impuissance de ses efforts, elle s'éloigna de quelques pas, renouvela ses appels, revint auprès des deux oursons, lécha leurs blessures, et ne les quitta que lorsqu'elle fut bien convaincue qu'ils étaient morts. Alors, elle tourna lentement la tête vers le navire, avec des rugissements de colère et de désespoir, qui semblaient accuser les meurtriers. Les matelots lui répondirent par une nouvelle décharge ; elle tomba à côté de ses petits et mourut en léchant leurs plaies. »

Scoresby parle d'une ourse qui fut plus heureuse. Poursuivie avec deux petits sur un champ de glace, elle les avertit du danger en jetant des cris plaintifs, et, quand elle vit les matelots s'approcher, elle poussa ses oursons devant elle, les pressa de courir et parvint à s'échapper avec eux.

Une ourse dont les petits sont tués ou blessés se décide

difficilement à les abandonner ; souvent elle paie de sa vie son dévouement ; mais quelquefois, pour venger ces chères victimes, elle attaque leurs adversaires avec une fureur dont rien ne peut donner l'idée.

En général, si l'ours, quel qu'il soit, n'est pas tué du premier coup, il devient pour celui qui l'a blessé un ennemi terrible. Il bondit vers lui, le renverse, lui brise les os, le dévore et souvent même l'emporte. Si ses ennemis sont dans une embarcation, il nage pour la rejoindre, s'y élance, y porte le carnage et l'épouvante.

Un ours, ayant été atteint d'une balle partie du canot d'un baleinier, abandonna le glaçon sur lequel il était couché, sauta dans les flots, et se dirigea rapidement vers les matelots. Au moment où il allait entrer dans le canot, il eut une patte abattue d'un coup de hache ; mais il ne renonça pas à sa vengeance, et, malgré les cris des marins, il se hissa sur le pont, où il fut tué.

Guillaume Barentz découvrit en 1596, sur les côtes du Spitzberg, une île à laquelle il donna le nom de Beeren-Eyland, ou île de l'Ours, en souvenir de la mort de deux matelots du bâtiment dont il était le pilote. Ces hommes se promenaient sur le rivage, quand l'un des deux se sentit saisir brusquement par les épaules.

— Qui va là ? dit-il en riant ; car il croyait avoir affaire à quelqu'un de l'équipage.

Son compagnon tourna la tête, jeta des cris de terreur

6

et s'enfuit vers le navire, pour demander du secours : l'assaillant était un ours.

Les marins, saisissant leurs armes, s'élancèrent sur le rivage. En les voyant, l'ours, laissant là sa première victime, horriblement déchirée, se jeta sur l'un des arrivants. Les autres, saisis de terreur, prirent la fuite : mais, rougissant bientôt de cet abandon, ils retournèrent vers le féroce carnassier et firent feu sur lui. Ils en étaient encore si loin, que les coups ne portèrent pas. Le plus courageux des matelots se jeta alors en avant et logea une balle dans la tête de l'ours. Celui-ci cependant, sans quitter le cadavre qu'il était en train de dévorer, s'élança au milieu de ses adversaires, qui, après l'avoir achevé à coups de sabres et de baïonnettes, enlevèrent les restes sanglants de leurs malheureux camarades.

Quelque temps après, pendant que les navires étaient enfermés dans les glaces, et que, dans la perspective d'un long hivernage, ordre avait été donné de ne rien laisser dans les bâtiments, qui pouvaient être brisés, Barentz vit trois ours s'avancer vers son vaisseau. Quelques matelots et lui jetèrent de grands cris, dans l'espoir de les effrayer; mais n'y réussissant pas, ces hommes cherchèrent des armes. Deux hallebardes seulement n'avaient pas encore été portées sous la tente; Barentz en prit une, Girard de Veer l'autre, et, suivis de quelques matelots, ils coururent au navire. L'un de ces derniers glissa sur la glace et tomba dans une crevasse; on crut qu'il allait être

dévoré ; mais les ours, continuant à poursuivre les fugi-
tifs, ne prirent point garde à lui. Il put se relever, rejoindre ses compagnons et remonter à bord avec eux.

Les ours voulurent en faire autant. Pour les en empêcher, on leur jeta des pièces de bois et des ustensiles de
toutes sortes, sur lesquels ils se précipitaient chaque fois
pour s'assurer de ce que c'était ; car ces animaux sont fort
curieux. Quand on n'eut plus rien à leur envoyer, Barentz,
ne sachant que faire pour se débarrasser de ces adversaires, jeta avec une force désespérée sa hallebarde au
plus grand des trois. Le hasard le servit si bien, que l'arme
s'enfonça profondément dans les naseaux de l'ours, qui
s'enfuit en poussant des hurlements de douleur. Après
quelques instants d'hésitation, les deux autres se déci-
dèrent à le suivre, et le navire fut délivré.

Le capitaine Cook, explorant les côtes du Spitzberg,
faillit, en 1788, y trouver une mort sanglante. Il venait de
descendre à terre avec le chirurgien, lorsqu'il fut attaqué
par un ours. Le capitaine, conservant tout son sang-froid,
cria au chirurgien de tirer. Celui-ci obéit, et, visant
l'animal à la tête, il eut le bonheur de le tuer d'un seul
coup.

« En 1820, dit M. Brehm dans sa belle *Histoire des Ani-*
maux, le navire du capitaine Munroë était amarré à un
banc de glace, dans la mer du Groënland. Pendant cette
station, on vit au loin un ours énorme, occupé à guetter
des phoques. Un matelot, qui avait puisé du courage dans

une bouteille de rhum, se fourra dans la tête l'idée de chasser à l'ours blanc. Aucune remontrance ne put arrêter son ardeur belliqueuse. Il partit sans autre arme qu'un harpon, traversa les neiges, les hummocks (petites émi-nences de glace), puis, après une course d'une demi-heure, harassé de fatigue et commençant à recouvrer son sang-froid, il arriva près de son ennemi. Celui-ci, à sa grande surprise, ne fut nullement intimidé et l'attendit de pied ferme. Son courage avait baissé; les vapeurs du rhum s'étaient dissipées : l'ours était si grand ! il avait un regard si menaçant !

« Le matelot fut sur le point de renoncer à l'offensive; il s'arrêta, préparant son arme pour les diverses chances du combat. L'ours ne bougeait pas. En vain notre aven-turier cherchait à se donner du cœur, excité surtout par la crainte des railleries dont ses camarades ne manque-raient pas de l'accabler. Mais, tandis qu'il songeait aux moyens de commencer l'attaque, voilà que l'ours, moins préoccupé que lui, se met en mouvement et semble vou-loir attaquer le premier.

« A l'instant s'éteignit chez le matelot la dernière étin-celle de courage, et la honte d'une retraite ne pouvant plus le retenir, il se retourna et s'enfuit. Mais à ce mo-ment le danger commençait. L'ours poursuivait le fuyard; accoutumé aux courses sur la neige et sur la glace, l'ani-mal gagnait continuellement du terrain; il allait atteindre l'homme. La terreur de celui-ci était à son comble; l'arme qu'il portait encore n'était qu'un poids inutile, un embarras de plus ; il la jeta, afin de courir plus lestement.

« Heureusement, cela attira l'attention de l'ours ; il s'arrêta, regarda le harpon, le flaira, le retourna avec ses pattes, le mordit, et, en perdant ainsi du temps, il donna au fuyard un repos dont celui-ci profita de son mieux. Enfin, l'ours abandonna le harpon et reprit sa course. Il était sur les talons du malheureux quand celui-ci, se sentant près d'être atteint et espérant même effet, laissa tomber une de ses mitaines. La ruse réussit ; ce fut assez pour occuper pendant quelques minutes le curieux animal ; et ce retard vint fort à propos ; car les forces du pauvre matelot étaient presque épuisées. L'ours ayant laissé la mitaine pour continuer à poursuivre son adversaire, qu'il ne perdait pas de vue, celui-ci fit le sacrifice de son autre mitaine. Il en vint ensuite à son chapeau, que l'ours mit promptement en pièces avec ses ongles et ses dents.

« L'équipage, qui assistait de loin à cette comédie, vit enfin qu'elle devenait trop sérieuse, que le matelot allait succomber, car l'irritation de l'animal devenait très menaçante : une troupe vint arrêter l'impétuosité de la poursuite. La petite phalange, après avoir ouvert un passage au fuyard, aussi tremblant de peur qu'épuisé par la fatigue, se referma pour recevoir la bête féroce. A l'aspect de ces nouveaux et nombreux adversaires, l'ours fit d'abord mine de combattre ; mais, ayant été blessé, en

militaire habile, il s'arrêta, parut réfléchir un instant, et
jugea qu'une honorable retraite était le seul parti qui
convînt aux circonstances dans lesquelles il se trouvait. Il
mit bientôt entre ses poursuivants et lui un tel espace de
neige et de glace raboteuse, que les matelots n'osèrent
pas le franchir. »

L'ours polaire est aussi rusé que féroce et curieux.
Scoresby raconte qu'un capitaine baleinier, désirant avoir
bien intacte la peau d'un de ces animaux, essaya de le
prendre au piège. On disposa sur la neige une corde avec
un nœud coulant, amorcé de lard de baleine. Un ours,
attiré par l'odeur de cette proie, accourut, s'en saisit et
se trouva pris par une patte ; mais il parvint à se dégager
et emporta la provision pour la manger en paix. Le lacet
fut de nouveau tendu ; mais l'ours commença par le pousser de côté et prit ensuite l'appât. Une troisième fois, on
cacha sans plus de succès le piège sous la neige ; puis
enfin, on mit le friand morceau au fond d'un trou, assez
profond pour que l'animal ne pût le prendre sans y enfon-
cer toute la tête, et le nœud coulant fut ajusté autour de
ce trou. L'ours s'approcha, déblaya la neige à l'aide de
ses pattes, écarta le nœud coulant, et se régala, pour la
troisième fois, aux dépens de ceux qui l'avaient cru assez
sot pour se laisser prendre.

Les peuplades des régions polaires font avec ardeur la
chasse à l'ours blanc. Sa chair est pour eux une agréable
nourriture ; sa graisse leur sert à s'éclairer ; de sa peau,

ils font des bottes, des gants, des couvertures, et ils tirent de ses tendons du fil et des courroies.

Les baleiniers enfermés dans les glaces s'estiment heureux, quand ils peuvent tuer quelques-uns de ces animaux ; et, quoique l'usage de cette chair les incommode d'abord, ils s'y habituent, faute de mieux.

VI.

Les Phoques et les Morses.

Le phoque appartient à la famille des carnivores amphibies. Il peut venir à terre, pour y chercher sa nourriture ; il aime à s'y reposer, à s'y chauffer au soleil ; mais il ne s'y meut que difficilement, et toute son organisation prouve que l'eau est son véritable élément.

Le haut du corps est celui d'un quadrupède ; mais la partie postérieure est celle d'un poisson.

La tête ronde, le front large, les yeux grands et haut placés, les oreilles très petites, le cou mince et allongé lui donnent quelque ressemblance avec l'homme ; mais si cette ressemblance existe, elle s'arrête là.

Le phoque n'a ni bras ni jambes ; du moins on ne lui voit que les mains et les pieds, le reste des membres disparaissant sous la peau qui enveloppe tout le corps. Cette peau est recouverte d'une épaisse fourrure, composée de poils laineux, serrés comme de la bourre, et de poils huileux qui préservent l'animal du froid et de l'humidité. Les mains et les pieds ont cinq doigts ; ceux des mains sont libres, tandis que ceux des pieds sont palmés, c'est-à-dire réunis par une membrane qui en fait de véritables nageoires.

L'intelligence des phoques est très-remarquable ; ce qu'on doit sans doute attribuer au large développement de leur cerveau. Pris jeunes, ils s'attachent à leurs maîtres, leur obéissent et leur témoignent beaucoup d'affection. Ils peuvent apprendre à faire différents tours, et les exécutent sans trop de maladresse. Ils s'habituent aussi à vivre avec des chiens, supportent leurs agaceries sans impatience et semblent même parfois y prendre plaisir.

Frédéric Cuvier dit que ceux qu'il a étudiés à la ménagerie ne montraient aucune frayeur à la vue de l'homme et des animaux. « Un seul des trois, dit-il, menaçait de la voix et frappait quelquefois de la patte ; mais il ne mordait qu'à la dernière extrémité. Quoiqu'ils fussent très voraces, on pouvait sans crainte leur reprendre la nourriture qu'on venait de leur donner, et l'on a vu de jeunes chiens arracher de la bouche de l'un d'eux le poisson que cet amphibie se disposait à avaler.

« Mais, ajoute Cuvier, lorsqu'on donnait à manger à

deux phoques réunis dans le même bassin, il en résultait presque toujours un combat à coups de pattes, et, comme à l'ordinaire, le plus faible ou le plus timide laissait le champ libre au plus fort ou au plus hardi.

« Un de ces phoques était enfermé avec deux petits chiens, qui s'amusaient souvent à lui monter sur le dos, à aboyer, à le mordre même ; et quoique tous ces jeux et la vivacité des mouvements fussent peu en harmonie avec ses habitudes, il en appréciait le motif, car jamais il n'y répondit que par de légers coups de pattes, qui avaient plutôt pour objet de les exciter que de les réprimer. Si ces jeunes chiens s'échappaient, il les suivait, quelque pénible que fût pour lui une marche forcée, dans un chemin couvert de pierres et de boue ; et lorsque le froid se faisait sentir, tous ces animaux se couchaient très rapprochés les uns des autres, afin de se tenir chaud mutuellement.

« Un autre s'était surtout attaché à la personne qui avait soin de lui ; après un certain temps, il apprit à la reconnaître d'aussi loin qu'il pouvait l'apercevoir ; il tenait les yeux fixés sur elle jusqu'à ce qu'il ne la vît plus, et accourait dès qu'elle s'approchait du parc où il était enfermé. La faim, au reste, entrait aussi pour quelque chose dans l'affection qu'il témoignait à ses gardiens ; ce besoin continuel et l'attention qu'il donnait à tous les mouvements qui pouvaient l'intéresser sous ce rapport, lui avaient fait remarquer, à soixante pas, le lieu qui

contenait sa nourriture, quoique ce lieu fût tout à fait
étranger à son parc, qu'il servît à une foule d'autres
usages, et que, pour y chercher le poisson, on n'y entrât
que deux fois par jour. Si le phoque était libre lorsqu'on
approchait de ce lieu, il accourait et sollicitait vivement
sa nourriture par des mouvements de tête et surtout par
l'expression de son regard. »

Le phoque en liberté montre aussi beaucoup d'intelligence et un vif sentiment de ses droits. Chaque mâle a
plusieurs femelles, dont il se constitue le maître et le
défenseur. Il s'établit avec elles soit sur un rocher, soit
sur un bloc de glace; dès qu'il en a pris possession, il en
interdit l'accès à tout autre animal de son espèce; et si
le nouveau venu ne se retire pas volontairement, un
combat s'engage et ne se termine que par la mort de l'un
ou la fuite de l'autre.

Plusieurs familles se réunissent souvent sur un même
point; mais l'espace que chacune doit occuper est fixé;
et la guerre éclaterait, si les frontières de ces petits
domaines n'étaient pas rigoureusement respectées. Quand
la place manque, une distance de vingt à trente mètres,
quelquefois moins, sépare les familles; mais si rapprochées qu'elles soient, elles ne se mêlent jamais.

Ce n'est pas sans peine que les phoques parviennent à
se hisser sur les rochers ou sur les hauts glaçons. L'agitation des flots vient parfois à leur aide; et si elle ne les y
porte pas d'un seul coup, ils se cramponnent des ongles

et des dents, pour attendre qu'une nouvelle vague achève l'œuvre commencée. Ils aiment la tempête, en profitent pour aller s'ébattre sur la plage, et ne sont jamais plus gais que pendant l'orage et la pluie.

Quand le temps est calme, ils sont lourds et paresseux ; ils tombent dans un sommeil profond, qui dure quelquefois plusieurs jours, et dont les pêcheurs profitent pour les attaquer. Les sentinelles chargées de veiller à la sûreté commune ne manquent pas de donner l'alarme ; mais si les phoques ont eu le malheur de trop s'éloigner de l'eau, on en tue un grand nombre ; car ils ne peuvent y retourner que lentement.

Le danger est moins grand pour eux sur la glace, parce qu'ils ont la précaution de se ménager une retraite, en s'établissant près d'un trou par lequel ils disparaissent promptement dans les eaux. Toutefois, ce moyen de salut devient quelquefois la cause de leur perte. Les chasseurs guettent l'instant où l'animal, croyant le danger passé, se risque à revenir à la surface, soit pour respirer, soit pour se reposer de nouveau sur la glace ; et dès qu'ils l'aperçoivent, ils lui jettent une corde et le tuent.

La femelle a quelquefois deux petits, mais le plus souvent un seul. Elle le dépose dans un berceau de plantes marines, l'allaite avec tendresse, et ne le quitte pas qu'il ne soit en état de la suivre à la mer ; ce qui demande environ quinze jours, pendant lesquels on croit que le mâle a soin de lui apporter une part de sa pêche.

Quand elle commence à conduire à l'eau son nourrisson, la mère le porte sur son dos ; puis elle le prend dans
sa gueule et le place devant elle pour lui apprendre à
nager. Elle dirige ses mouvements et veille à ce qu'il ne
coure aucun danger. « S'il remonte sur son dos avant de
s'être assez longtemps exercé, elle se penche de côté
pour qu'il tombe, et la leçon recommence, dit le naturaliste Steller.

« Si la mère abandonne son petit en cas d'attaque, le
mâle la jette en l'air, contre les rochers, jusqu'à ce
qu'elle en soit à demi morte. Quand elle revient à elle,
elle se traîne humblement aux pieds du mâle, l'embrasse,
verse des larmes en telle abondance, que sa poitrine en
est toute mouillée. Le mâle, pendant ce temps, va en
grondant à droite et à gauche, jetant sa tête tantôt sur
une épaule, tantôt sur l'autre, à la façon des ours ter-
restres. Le mâle pleure, comme la femelle, quand on lui
enlève ses petits. Blessés ou offensés, ils pleurent de
même lorsqu'ils ne peuvent assouvir leur vengeance. »

Quand la mère dort auprès du jeune phoque, le père
veille sur eux et les défend. Les petits jouent ensemble ;
et quand une querelle survient entre eux, le chef de la
famille arrive, en grondant, pour rétablir la paix. Tant
que ses enfants ont besoin de lui, son affection pour eux
ne se dément pas un instant ; mais dès qu'ils peuvent se
suffire, il les chasse et les oblige à se choisir une autre
résidence.

Les phoques se nourrissent de poissons et de mollusques. Ils ne dédaignent pas non plus les oiseaux, dont ils s'emparent très adroitement. Ils ne mâchent pas leurs aliments ; ils les avalent, après les avoir dépecés à l'aide de leurs ongles et de leurs dents.

Les Esquimaux font au phoque une guerre acharnée, mais excusable ; car cet animal est presque leur seule ressource. Sa graisse entretient la lampe qui les éclaire et sert à préparer leurs aliments, sa chair est pour eux un mets agréable, et son sang délayé dans l'eau leur fournit un potage nourrissant. Ses fibres leur servent à faire le fil dont ils ont besoin pour coudre les vêtements qu'ils doivent à sa dépouille ; la peau qui recouvre ses intestins remplace le verre dont nos croisées sont garnies ; dans sa vessie desséchée on conserve la provision d'huile, et cette huile, que l'Esquimau boit avec délices, le réchauffe et le réconforte mieux que ne le ferait notre meilleur vin.

Le phoque ne fournit pas seulement aux peuplades des régions polaires la nourriture et le vêtement ; sa peau sert à fabriquer leurs tentes et leurs canots. Ils périraient infailliblement si ce précieux animal venait à leur manquer, et, par malheur, on peut craindre qu'il ne devienne bientôt rare.

On se sert contre ces pauvres amphibies de toutes sortes d'armes : on les harponne, on les assomme, on les fusille, on les égorge, on leur tend des filets ; enfin, on les attire en imitant leur cri de détresse, après s'être

couvert de la dépouille d'un des leurs. Ils accourent pour
le défendre et ils sont impitoyablement massacrés.

Les Esquimaux savent se servir de l'aviron sans faire
le moindre bruit. Quand ils voient un phoque sortir de
l'eau, ils l'examinent pour savoir comment ils doivent
l'attaquer. S'il est sans défiance, ils s'en approchent doucement et arrivent parfois tout près de lui sans qu'il s'en
doute. Si, au contraire, l'attention de l'animal est éveillée,
on attend qu'il plonge pour aller de l'avant; et quand il
se montre de nouveau, on se couche dans le canot, pour
ne pas l'inquiéter davantage.

Dès qu'on est à portée, on lui lance un harpon à cro-
chets, auquel une bouée est attachée. Si le phoque est
blessé, on doit aussitôt jeter la bouée à la mer, de peur
qu'en tirant avec violence sur la corde, il ne fasse cha-
virer l'embarcation et n'entraîne l'homme avec lui. Beaucoup de chasseurs de phoques meurent ainsi ; d'autres se
noient parce qu'il arrive quelquefois que l'animal blessé
attaque le canot et le perce. Quand il est gravement
atteint, il est bientôt épuisé, tant par la perte de son
sang que par le poids de la bouée qu'il traîne après lui ;
et le même chasseur en ramène souvent plusieurs.

Les Américains et les Anglais font aussi la guerre aux
phoques, non-seulement dans l'Océan arctique, mais
jusque dans les mers australes.

« Les navires destinés pour cet armement sont solidement construits, dit le naturaliste Lesson. Tout y est

installé avec la plus grande économie. Pour cette raison, les fonds du navire sont doublés de bois. L'armement se compose, outre le gréement très simple et très solide, de barriques pour mettre l'huile, de six yoles armées comme pour la pêche à la baleine, et d'un petit bâtiment de quarante tonneaux, mis en botte à bord, qu'on monte et qu'on met à la mer lorsqu'on approche des îles ou des côtes habitées par les phoques. Les marins qui font cette chasse ont coutume d'explorer préalablement les lieux, ou bien ils s'établissent en un point convenable et font alentour de nombreuses battues. Ainsi il n'est pas rare de voir un navire mouillé dans quelque anse tranquille et sûre, tandis que ses agrès sont débarqués et que les fourneaux destinés à faire fondre les graisses recueillies sont placés sur la grève.

« Pendant ce temps, le petit bâtiment dont il vient d'être parlé, très bon voilier et fin marcheur, monté par la moitié environ de l'équipage, fait le tour des terres environnantes. Des embarcations sont expédiées, chemin faisant, vers les rivages où l'on aperçoit des phoques, et on laisse çà et là à l'affut des hommes chargés d'épier ceux de ces animaux qui s'aventurent hors de l'eau. La cargaison totale du petit bâtiment se compose d'environ deux cents phoques, coupés par gros morceaux et qui peuvent fournir quatre-vingts à cent barils d'huile, chaque baril pouvant contenir cent vingt litres, dont la valeur est à peu près de 80 fr.

« Au port où est mouillé le grand navire, les quartiers de phoques sont transportés sur la grève, où sont établies les chaudières dans lesquelles on fait fondre la graisse. La chair musculaire et les autres résidus servent à alimenter le feu. Les hommes composant les équipages des navires armés pour ces chasses travaillent, en sorte que chacun est intéressé au succès de l'entreprise. La campagne dure quelquefois jusqu'à trois ans, au milieu de privations et de dangers inouïs. Il arrive souvent que des navires jettent des hommes sur une île pour faire des chasses, s'en vont à cinq cents et mille lieues de là en déposer d'autres, puis poussent plus loin encore. Ils reviennent ou ne reviennent pas. C'est ainsi que plus d'une fois de malheureux marins ont péri, abandonnés sur des terres désertes, parce que le vaisseau auquel ils appartenaient et qui devait venir les prendre à une époque fixée avait fait naufrage. »

On connaît différentes espèces de phoques. La plus grande ne se rencontre que dans les mers australes, et se distingue par un développement du nez qui a fait donner à ces animaux le nom de phoques à trompe ou d'éléphants de mer. Ils fournissent en abondance une huile de qualité supérieure, qu'on peut employer à la préparation des aliments, et qui, lorsqu'on s'en sert pour l'éclairage, donne une belle lumière sans fumée et sans odeur.

Le nom d'éléphant de mer se donne aussi quelquefois au morse; mais plus souvent les marins le désignent sous

7

le nom de vache de mer; cependant le veau marin n'est pas un morse, mais un phoque, ainsi que le chien de mer et l'otarie ou lion de mer.

« En la côte de Norwège, écrivait jadis Olaüs Magnus, il y a de gros et énormes poissons, de la grandeur d'un éléphant, appelés rosmars ou mors, lesquels ont, par aventure, été ainsi dits, parce qu'ils mordent rudement : car si, par fortune, ils voient un homme sur le bord de la mer, et le peuvent attraper, ils se jettent dessus et ne cessent qu'ils ne l'aient étranglé à belles dents.

« Ils montent jusque sur le haut des rochers, se servant de leurs dents comme d'échelles, pour se paître de l'herbe pleine de rosée; puis, se roulant, ils retombent en la mer. Quelquefois ils s'endorment sur le penchant des rochers, et lors les pêcheurs ne sont paresseux à leur lever le lard le long de la queue, et à y attacher de longues et fortes cordes, qu'ils font tenir aux pierres du rocher ou aux arbres prochains; puis, leur tirant des pierres à coups de fronde, ils les éveillent et les contraignent de se retirer dans l'eau, abandonnant la plupart de leur peau. Par ce moyen ils meurent et en font les pêcheurs un grand profit, mêmement de leurs dents.... »

Les morses, dont il est ici question, appartiennent, comme les phoques, à l'ordre des amphibies. Il existe entre ces deux espèces d'animaux beaucoup de ressemblance : cependant on ne peut les confondre; car les morses ont à la mâchoire supérieure deux énormes canines, dont la

longueur atteint jusqu'à soixante et soixante-dix centimètres. Ils s'en servent pour grimper aux rochers
et pour se défendre contre leurs ennemis ; mais ils
n'attaquent presque jamais l'homme qui les laisse en
paix.

Jadis, ils nageaient, en bandes nombreuses, assez loin
des côtes, s'approchaient des navires, ou restaient tran-
quillement étendus sur les grèves laissées à sec par le
reflux et se laissaient assommer sans combat. Peu à peu,
ils sont devenus méfiants. On n'en tue plus, comme alors,
des centaines en quelques heures. C'est au milieu des
glaces qu'il faut aller les chercher, et ce n'est pas sans
danger qu'on parvient à s'en emparer. Ils ne dorment
plus à terre que sous la garde d'un des leurs, et ils ne
s'éloignent pas de la mer, afin de pouvoir s'y précipiter
au premier signal.

Le morse blessé entre en fureur ; il s'élance sur son
adversaire et le frappe de ses dents. S'il succombe et que
le pêcheur l'attache à son canot, pour l'emporter, les
autres morses le suivent, essayant de le délivrer ou
s'efforçant de le venger.

La chasse au morse est difficile et dangereuse ; mais
on tire trop bon profit de ses dépouilles pour hésiter à le
poursuivre jusque dans les régions polaires où il s'est
retiré.

Un des hardis explorateurs de ces régions, le docteur
Hayes, rend ainsi compte d'une chasse dirigée contre

une bande de ces animaux, dans le voisinage du lac
Alida :

« J'étais sur la goëlette lorsque mon oreille fut frappée
de rauques beuglements. Je me tournai vers le large, et
je vis sur la banquise, poussée par la marée en travers
de notre petit golfe, des morses remplissant l'air de leurs
cris bizarres....

« Je me hâtai de regagner le navire et de faire appel
aux chasseurs de bonne volonté. Bientôt une baleinière,
portant trois carabines, un harpon et des rouleaux de
lignes, fut traînée sur la place et lancée rapidement à la
mer. Il nous fallut ramer l'espace de quatre kilomètres
avant d'atteindre le bord de la banquise. Deux ou trois
douzaines de morses étaient couchés sur un glaçon, qu'ils
couvraient presque entièrement. Etendus pêle-mêle au
soleil, les uns contre les autres, ou s'étirant et se roulant
paresseusement, comme pour présenter à ses rayons
toutes les parties de leur lourde masse, ils ressemblaient
à des pourceaux gigantesques se vautrant avec délices.
Nous avions mis des sourdines à nos avirons, et nous
approchions sans bruit ; aussi ne soupçonnaient-ils pas le
danger.

« A mesure que la distance diminuait entre nous et
notre gibier, nous commencions à comprendre que nous
aurions affaire à de formidables adversaires. Leur aspect
était effrayant, et ce que nous éprouvions peut se comparer à ce que ressent le conscrit lorsqu'il entend pour la

première fois l'ordre de marcher à l'ennemi. Si la honte
ne nous eût retenus, nous aurions tous, je crois, préféré
battre en retraite. Leur peau rude et presque sans poil,
épaisse de deux centimètres et demi, me rappelait singu-
lièrement la carcasse d'un vaisseau blindé, pendant que
les énormes défenses qu'ils brandissaient, avec une
vigueur que leur gaucherie ne diminuait en rien, menaçaient de terribles accrocs les bordages de l'embarcation
et les côtes du malheureux qui aurait la mauvaise chance
de tomber à la mer au milieu d'eux.

« Pour compléter la laideur de leur expression faciale,
que ces défenses rendaient déjà assez formidable, la
nature leur a donné un museau épaté, dont la partie inférieure est toute parsemée de rudes moustaches semblables
aux dards du porc-épic, et qui remontent jusqu'au bord
de leurs narines, très-ouvertes. L'usage qu'ils font de ces
piquants est aussi problématique que celui de leurs
défenses : je suppose toutefois que ces dernières leur
servent d'armes de combat, et de dragues pour détacher
du fond de la mer les mollusques qui forment leur principale nourriture.

« Deux vieux mâles du troupeau dormaient et se que-
rellaient alternativement ; de temps en temps, ils s'accro-
chaient par leurs défenses comme pour s'entamer la face,
quoique, du reste, ils parussent traiter la chose avec assez
d'indifférence, leurs dents ne faisaient point brèche dans
leur derme épais. Ces dignes personnages, qui devaient

avoir environ cinq mètres de longueur et dont la circonférence égalait celle d'une barrique, relevèrent la tête à notre approche, et, après nous avoir considérés à leur aise, parurent trouver que nous ne méritions pas une plus longue attention. Ils essayèrent encore de se transpercer mutuellement, puis retombèrent endormis sur la glace.

« Cette calme indifférence était bien un peu alarmante pour nous. S'ils avaient donné le moindre signe de crainte, nous aurions pu y puiser quelque encouragement; mais ils semblaient faire si peu de cas de nos personnes, qu'il ne nous fut pas très facile de conserver le front d'airain avec lequel nous nous étions jetés dans cette aventure. Cependant, comme il était trop tard pour reculer, nous avançâmes, tout en nous préparant au combat.

« Le groupe contenait, outre les deux mâles, plusieurs femelles et des jeunes de diverses tailles, quelques-uns encore à la mamelle, des veaux d'une année et d'autres déjà parvenus aux trois quarts de leur croissance. Les premiers n'avaient pas encore de dents; elles commençaient à poindre chez les seconds, et chez les plus âgés, elles étaient de toutes les grandeurs; enfin, les défenses des deux taureaux, solides cônes d'ivoire recourbé, avaient à peu près un mètre.

« Il est probable qu'aucun d'eux n'avait vu le bateau; mais quand nous arrivâmes à trois longueurs d'embar-

cation de leur radeau de glace, la bande entière prit
l'alarme. Nous étions prêts pour l'attaque. Dès que le
morse est tué, il s'enfonce dans l'eau, à moins qu'on ne
le retienne au moyen d'une forte ligne. Pour nous rendre
maîtres de notre gibier, il fallait ou le harponner solidement ou le tuer sur le glaçon même, chose assez difficile,
car l'épaisseur de leur peau détruit la force du plomb,
avant qu'il ait atteint quelque partie vitale; souvent même
il s'aplatit à la surface, et le crâne est si dur, qu'une
balle ne peut guère y pénétrer qu'à travers l'orbite de
l'œil.

« Miller, froid et courageux marin, qui avait poursuivi
les baleines dans les parages du nord-ouest, prit le
harpon et se tint à l'avant, tandis que Knorr, Jansen et
moi nous étions à l'arrière, nos carabines en mains. Chacun choisit son but, et nous tirâmes ensemble, par-
dessus les têtes des rameurs. Aussitôt que les armes
furent déchargées, j'ordonnai de laisser porter, et le
canot fila comme une flèche au milieu des animaux
effrayés qui se précipitaient pêle-mêle dans la mer.

« Jansen avait atteint un des taureaux au cou; Knorr
avait tué un des jeunes, qui, entraîné à l'eau, dans le
tumulte général, coula immédiatement. Ma balle pénétra
quelque part dans la tête de l'autre vieux mâle, et lui
arracha un beuglement terrible, plus fort, j'ose le dire,
que celui du taureau sauvage des Prairies. Pendant qu'il
roulait dans la mer, en soulevant des flots d'écume qui

nous couvraient de leurs fusées, il faillit atteindre la
proue du canot; mais Miller, en habile chasseur, profita
de cet instant pour lui lancer son harpon.

« Le troupeau tout entier plongea dans la profondeur
des eaux, et la ligne se déroula sur le plat-bord avec une
vitesse alarmante; mais nous en avions une bonne provision, et elle n'était pas encore au bout de son rouleau
quand elle commença à se détendre : les animaux remon-
taient. Nous ramenâmes la ligne à nous, en nous tenant
prêts à tout événement. La ligne, en ce moment, s'em-
mêla autour d'une des pointes des glaces flottantes dont
nous étions entourés, et nous aurions couru un grand
danger si un des matelots n'eût lestement sauté parmi
les glaçons et dégagé la baleinière en dégageant la
ligne.

« Quelques minutes après, le troupeau, entourant
toujours l'animal blessé, reparaissait à la surface de la
mer, à cinquante mètres de nous environ. Miller tirait
vigoureusement sur le harpon, et la bande entière
s'élança vers notre canot. Alors commença une scène
impossible à décrire. Tous poussaient avec ensemble le
même cri sauvage, lamentable appel d'une créature aux
abois; l'air retentissait des voix rauques qui se répon-
daient. Le *heuk, heuk, heuk* des taureaux atteints semblait trouver partout des échos, et passait de glace en
glace, comme le clairon des batailles se répétant d'escadron en escadron. De chaque radeau flottant, les bêtes

effarouchés se précipitaient dans les ondes, comme le matelot se jette à bas de son cadre, au bruit du branle-bas. Leur tête monstrueuse au-dessus des eaux, leur bouche grande ouverte, vomissant sans relâche sa lugubre clameur, ils s'avançaient vers nous de toute la vitesse de leurs nageoires.

« En peu de minutes, nous fûmes entièrement cernés. Le nombre des morses se multipliait avec une rapidité merveilleuse; la surface de la mer en était toute noire.

« D'abord timides et irrésolus, ils nous inspiraient peu de crainte; mais nous vîmes bientôt qu'il fallait veiller soigneusement à notre salut. Nous ne pouvions plus en douter, ils se préparaient à une attaque, et le temps nous manquait pour fuir le dangereux guêpier où nous venions de nous fourrer si imprudemment.

« Miller n'avait pas lâché prise, et le morse blessé, devenu le point central d'un millier de gueules béantes et mugissantes, nageait maintenant à notre poursuite. Evidemment, ces animaux voulaient percer de leurs défenses le plat-bord de l'embarcation. Nous n'avions pas une seconde à perdre; car si nous leur laissions le temps d'atteindre le canot, il serait mis en pièces, et les hommes précipités dans les flots. Miller saisit sa lance et en porta aux assaillants plus d'un terrible coup; les matelots faisaient force de rames, et nous chargions et déchar-gions nos carabines avec toute la célérité possible. Un coup de gaffe, une balle ou la lance du harponneur venait à la rescousse au moment du péril; cependant, à plusieurs reprises, chacun de nous put croire sa dernière heure arrivée.

« Un morse énorme, à la physionomie brutale et féroce, s'élançait contre nous et allait aborder le canot. Je venais de tirer, et, n'ayant pas le temps de recharger mon fusil, je me préparais à le lui plonger dans la gorge, lorsque M. Knorr l'arrêta en lui envoyant une balle dans le crâne.

« Une autre bête monstrueuse, la plus grosse que j'aie jamais vue, et dont les défenses avaient au moins un mètre de longueur, traversait le troupeau et nageait sur nous, la gueule béante, en poussant des mugissements furieux. Je rechargeais encore mon arme; Knorr et Jansen venaient de tirer, et les hommes étaient aux avirons. Ma carabine fut prête au moment critique; l'énorme animal, élevant sa tête au-dessus du canot, allait s'abattre sur le plat-bord; j'épaulai mon fusil et je le déchargeai dans la gueule du monstre. Il fut tué sur le coup et coula aussitôt comme une pierre.

« Ce fut la fin de la bataille. Je ne sais ce qui leur donna subitement l'alarme; mais les morses plongèrent soudain, en faisant rejaillir, à grand bruit, les eaux tout autour d'eux. Ils remontèrent, en beuglant encore; mais ils étaient déjà à quelque distance et, la tête tournée vers la haute mer, ils détalaient de toutes leurs forces.

« Nous devions en avoir tué ou blessé deux douzaines

au moins; car en certains endroits l'eau était toute
rouge de sang, et plusieurs animaux flottaient autour de
nous, dans les dernières convulsions de l'agonie.

« Le taureau harponné essaya de s'enfuir avec ses
camarades; mais ses forces l'abandonnèrent. Nous le
sentions faiblir, et, en tirant sur la ligne, nous le ramenâmes assez près pour que nos balles lui fissent de dan-
gereuses blessures. La lance de Miller lui donna le coup
de grâce ; puis nous le hâlâmes sur un glaçon, et j'eus
bientôt un magnifique spécimen à ajouter à ma collection
d'histoire naturelle....

« Jusqu'alors je n'avais pas regardé le morse comme
un animal redoutable ; ce combat me prouva que je ne
rendais pas justice à son courage. Sans notre sang-froid
et notre activité, le canot aurait été mis en pièces par
ces batailleurs acharnés, et nous-mêmes aurions été
noyés ou déchirés. On peut à peine rêver d'ennemis plus
effrayants que ces monstres énormes, aux gorges mugissantes, aux défenses formidables. »

Il est permis de supposer que le morse tué par celui
de ses compagnons que le docteur Hayes nomme Miller,
était un chef de bande, et qu'en le voyant mort, malgré
toute l'ardeur qu'ils avaient mise à lui porter secours, les
autres morses, reconnaissant l'impossibilité de l'arracher à ses ennemis, s'éloignèrent saisis de douleur et
d'effroi.

« Dans les batailles acharnées que ces animaux livrent

à ceux qui les attaquent, ils sont ordinairement conduits,
dit M. Xavier Marmier, par un chef, que l'on reconnaît
facilement à sa grande taille et à son ardeur impétueuse.
Si les pêcheurs parviennent à tuer ce chef de bande, à
l'instant même tous ses compagnons renoncent à la lutte,
se réunissent autour de lui, le soutiennent, à l'aide de
leurs dents, à la surface de l'eau, et l'entraînent, en
toute hâte, loin des embarcations agressives et loin du
péril.

« Mais ce qu'il y a de plus dramatique et de plus touchant à voir, c'est lorsque les morses combattent pour la
sécurité de leurs petits. Ordinairement ils essaient de les
déposer sur un banc de glace, pour lutter ensuite plus
librement. S'ils n'ont pas le temps de les mettre en
sûreté, ils les prennent sous leurs pattes, les serrent
contre leurs poitrines et se jettent avec une audace désespérée contre les pêcheurs et contre les chaloupes. Les
jeunes morses montrent le même dévouement et la même
intrépidité, quand leurs parents sont en péril. On en a vu
qui, ayant été déposés à l'écart, s'échappaient hardiment
de l'asile que leur avait choisi une tendresse inquiète,
pour prendre part à la lutte dans laquelle était engagée
leur mère, la soutenir dans ses efforts et partager ses
périls. »

Plus souvent encore on a vu des mères abandonner le
troupeau mis en déroute, revenir vers les canots en
cherchant leurs petits, se précipiter vers leurs cadavres,

les arracher aux matelots occupés à les hisser à bord,
et disparaître dans les flots, en emportant ces chères
dépouilles.

Pour emmener les morses qu'ils ont tués, les pêcheurs
les attachent à leurs canots avec une bouée qui les aide à
flotter; ils les conduisent à la côte, si elle est peu éloignée, et, dans le cas contraire, ils les déposent sur un
glaçon, où on les dépouille et où on leur coupe la tête.
On fait cuire cette tête pour en détacher les défenses sans
les endommager; car l'ivoire qu'elles donnent est plus
beau et plus durable que celui des dents d'éléphants. On
fond la graisse, pour en retirer l'huile, et l'on emploie la
peau à faire des soupentes de voitures.

VII.

La Baleine.

La baleine est le plus grand de tous les animaux. Sa tête forme environ le tiers de la longueur totale de son corps, qui peut atteindre de trente à trente-cinq mètres. Sa bouche, énormément fendue, forme à l'intérieur une chambre qui a de trois à quatre mètres de largeur, trois de hauteur, et assez de profondeur pour contenir une chaloupe et ses rameurs.

Cette bouche n'a pas de dents ; mais la mâchoire supérieure est garnie de six à sept cents fanons. On appelle fanons de grandes lames cornées, étroites, flexibles, à bords effilés, serrées les unes contre les autres, comme les dents d'un peigne. Elles entourent la bouche et font l'office d'un tamis, à travers lequel s'échappe l'eau que la baleine introduit dans cette vaste cavité et retient en même temps les milliers de petits animaux dont l'animal se nourrit.

Il n'a pas besoin de chercher cette nourriture, la mer la lui offre en abondance. Des bancs de mollusques, de crustacés épais de plusieurs mètres, teignent parfois les eaux en rouge sur un espace de cent lieues carrées : c'est ce que les marins nomment la boëte de la baleine. Elle sait où trouver ce mets de prédilection, et elle n'a qu'à ouvrir son immense bouche pour qu'elle en soit aussitôt remplie. Elle avale cette proie et recommence sa pêche, jusqu'à ce que son appétit soit satisfait. Aux mollusques et aux crustacés, elle joint les petits poissons et les fucus qu'elle rencontre sur son passage.

Malgré sa grande taille et sa force redoutable, la baleine est timide et ne montre du courage que quand il s'agit de défendre sa progéniture.

On voit quelquefois deux baleines voguer de compagnie, se poursuivre et prendre leurs ébats dans les flots. C'est le mâle et la femelle. Ils s'aiment beaucoup ; le premier protège la seconde : si elle vient à être blessée, il tourne autour d'elle ; il s'efforce d'arracher le harpon qui s'est enfoncé dans sa chair, et il ne se décide que difficilement à l'abandonner.

Mais la mère n'abandonne jamais son petit. Elle le guide, le protège, veille sur lui avec une admirable tendresse. Quand un danger le menace, elle lui rend la fuite plus facile, en le poussant dans la direction qu'il doit suivre. S'il ne peut s'éloigner assez vite, elle lui passe un de ses ailerons sous le ventre, le soulève, le tient serré entre son cou et son dos, l'emporte et nage avec une vitesse que ce cher fardeau semble encore augmenter.

Elle ne parvient pas toujours à le sauver ainsi : les baleiniers attaquent le petit pour attirer la mère. Elle s'élance pour le défendre ; elle le prend dans ses bras ; et quand il est mort, elle le soulève encore en gémissant. Pour le venger, elle devient intrépide, à moins que, pendant les vains efforts qu'elle a faits pour le ranimer, elle n'ait elle-même été frappée d'un coup mortel.

Le baleineau sait nager en naissant ; il tourne autour de sa mère ; elle se couche de côté pour lui présenter sa mamelle à fleur d'eau ; dès qu'il l'a saisie, elle lance un énorme jet de lait dans la bouche de ce nourrisson, qui a déjà de cinq à six mètres et qui pèse de quatre à cinq mille kilogrammes. A six semaines, ses fanons sont assez grands pour qu'il puisse commencer à se nourrir des myriades de petits animaux qui vivent à la surface de l'Océan.

Les yeux de la baleine sont fort petits relativement à sa taille ; mais, quoiqu'ils soient presque recouverts par de lourdes paupières, elle surveille tous les mouvements de son petit. Elle distingue d'ailleurs fort bien ce qui se

passe sous les eaux ; mais hors de là, sa vue paraît manquer d'étendue. Son ouïe n'est pas non plus très fine :
elle ne semble pas être sensible au bruit que font les
matelots ni même à celui d'un coup de fusil ; mais le
moindre ébranlement de l'eau suffit pour attirer son
attention.

Les narines portent le nom d'évents et sont placées à la
partie supérieure de la tête, de manière à ce que cette tête
n'ait pas besoin de sortir de l'eau pour que la baleine
puisse respirer. Tant que l'animal n'est pas forcé d'ac-
complir cette fonction, les narines restent fermées ; mais
quand elles s'ouvrent pour donner passage à l'air sans
lequel il ne pourrait vivre, elles aspirent en même temps
un peu d'eau, qui s'amasse dans une poche destinée à la
recevoir. Cette eau est ensuite rejetée au dehors, avec une
grande quantité de vapeur, accompagnant l'air vicié qui
sort des poumons. Le tout s'élance par les évents, sous la
forme d'une double gerbe, qui s'élève parfois jusqu'à huit
mètres de hauteur, et dont le bruit ressemble à celui
d'un jet de vapeur qui, resserré dans un tuyau étroit,
trouverait enfin une issue. C'est ce que les marins appellent
le souffle.

Quand un navire fait la chasse à la baleine, un homme
placé en vigie aperçoit cette double colonne blanche
d'assez loin pour que, lorsqu'il crie : « En bas ! en bas ! »
chacun ait le temps de descendre dans les chaloupes
suspendues en dehors du bâtiment. Chacune de ces cha-

loupes, au nombre de cinq ou six, reçoit ordinairement
quatre rameurs, un harponneur et un officier. On rame
vivement jusqu'à la distance voulue.

« Debout, à l'arrière et à l'avant, dit le docteur
Thiercelin, l'officier et le harponneur, le cou tendu, l'œil
fixe, explorent la surface de l'eau et épient le retour du
gigantesque gibier. C'est ici que l'officier se révèle ; sa
maladresse pourrait perdre les cinq hommes qu'il
commande ; son courage va les rendre heureux et fiers
Bientôt un remous huileux s'arrondit et fait tomber le
clapotis soulevé par la brise ; le cétacé va revenir. Quelquefois un frémissement sous-marin, un ronflement,
analogue au bruit sourd d'un tonnerre éloigné, avertit
aussi le pêcheur. L'officier a jeté un coup d'œil expressif
à son harponneur ; un seul mot : Attention ! prononcé à
demi-voix, la bouche presque fermée, tient l'équipage en
éveil, et quelques secondes plus tard, les avirons
reprennent leur rapide mouvement.

« La baleine a présenté d'abord l'extrémité de son nez
noir ; puis elle effleure l'eau de ses évents, et une double
colonne de vapeur s'élève et se dissout dans l'atmosphère :
elle s'avance ainsi, avec un certain air de lenteur et de
majesté, en partie couverte de quelques centimètres
d'eau, en partie sortie de la mer et exposée aux regards.
De minute en minute elle soulève un peu la tête ; un
nouveau souffle s'échappe ; après le septième ou huitième,
elle montre successivement tous les points de son dos,

étale sa queue, la balance, et plonge pour vingt-cinq ou trente nouvelles minutes. Le pêcheur doit tenir compte de la manière dont l'animal a incliné sa queue, pour deviner la direction qu'elle a prise ; de la présence de la boëte à la surface ou au fond de la mer, afin de savoir si les sondes seront plus ou moins longues; de l'isolement ou de l'existence d'un gamme, afin de modifier ses attaques, ses feintes, ses repos, selon les besoins du moment. Par le calcul du nombre de souffles exhalés, de la distance qui le sépare encore du cétacé, il sait s'il peut le joindre avec sa sonde ou s'il doit attendre une chance meilleure.

« Les manœuvres de la pirogue varient à l'infini. Ou les hommes doivent marcher à toc d'aviron, ou ils doivent à peine remuer leurs rames ; souvent même on s'avance à la pagaie, selon qu'on a un petit espace à franchir ou qu'on craint de produire de trop grandes vibrations dans l'eau. Dans tous les cas, on doit accoster jusqu'à s'échouer presque jusqu'à l'animal, pour piquer solidement. On approche facilement à quinze ou vingt brasses ; mais la grande difficulté est d'arriver à deux ou trois. Sans parler de la perspective des coups de queue et d'ailerons, il y a presque toujours, au moment suprême, un peu d'hésitation ; on craint d'être entendu, on attend une chance meilleure ; on choisit avec anxiété l'organe que le harpon doit le mieux traverser ; on lève le bras, et, quand le trait va partir, la baleine se laisse couler, la mer se

ferme sur elle et cache son trésor aux yeux du pêcheur
désappointé.

« Quand la pirogue est si près de l'animal, qu'il ne
peut plus fuir, le harponneur, debout, la cuisse engagée
dans l'échancrure du gaillard d'avant, a saisi son harpon
à deux mains : la gauche allongée en avant, empoigne
presque la douille, et la droite, relevée, soutient la partie
moyenne du manche. L'officier, seul juge de l'opportunité
du moment, crie : « Pique ! » L'arme vibre, traverse
l'espace, pénètre dans le lard, et va se fixer dans les
parties charnues et tendineuses. La baleine frémit et
paraît se rapetisser sous le coup ; excitée par la douleur,
elle s'apprête à fuir ; empêchée par le trait qu'elle porte
dans ses chairs, elle hésite d'abord, si bien que le harponneur, tant soit peu habile, peut lui envoyer un second
harpon ; en tout cas, au bout de quelques minutes, elle
sonde. L'officier change alors de place et va prendre son
poste d'action. Jusque-là, il a commandé la manœuvre ;
maintenant il va agir lui-même ; à lui le droit et le devoir
de tuer l'animal.

« La ligne se déroule et sort de la baille avec une
éblouissante rapidité. Déjà plus de deux cents brasses
sont à la mer, et l'animal sonde toujours. La force d'im-
mersion est si grande, que si une coque fait obstacle au
mouvement, la pirogue peut sombrer ; on a vu aussi la
ligne prendre, en se déroulant, un homme par un bras,
par une jambe, par le corps même, l'entraîner dans la

mer et ne le laisser remonter qu'alors que la partie saisie
avait été coupée par le frottement. On pourrait difficilement se faire une idée du sang-froid que réclament ces
premières manœuvres. C'est ici surtout que l'équipage
doit obéir aveuglément : il ne peut être qu'une machine à
nager et à scier ; il y va du salut de tous. Dans ces
moments solennels, la peur s'empare de certains matelots :
sitôt la baleine amarrée, ils deviennent d'une pâleur
livide ; leur tête se perd, ils ne voient rien, n'entendent
rien, et ne sauraient désormais obéir à aucun commandement.

« Le vrai baleinier ne connaît pas la peur ; il brave la
mort, mais avec circonspection. Quand l'animal se relève
de la première sonde, l'officier embraque sur la ligne, se
rapproche avec défiance, sans précipitation, même avec
une apparente lenteur. Que de difficultés et que de temps
parfois, pour envoyer le premier coup de lance ! Pourtant,
ce n'est pas un, mais dix, vingt et plus, qu'il faudra
pour déterminer la mort, et encore à la condition
qu'ils porteront dans des lieux d'élection. Si une
blessure mortelle n'est pas infligée dans le premier quart
d'heure, la baleine revient de son épouvante, reprend
ses sens et fuit, entraînant son ennemi après elle ; alors
alternent des sondes prolongées et de rapides courses
dans le vent. La pirogue, emportée comme une flèche,
passe à travers les lames, comme entre deux murailles
de vapeur ; en vain deux ou trois embarcations, jetant

leurs bosses à celle qui est amarrée, viennent se faire remorquer et augmenter le fardeau traîné ; la course générale n'en est pas sensiblement ralentie.

« Cette phase du combat commande une manœuvre nouvelle, plus difficile et plus dangereuse que celles qui l'ont précédée. Armé d'un louchet ou pelle tranchante, le baleinier attend que le cétacé élève sa queue de quelques mètres au-dessus de l'eau, et, se halant jusque sous cet organe formidable, il lance son louchet au niveau des dernières vertèbres caudales. S'il divise l'artère et les tendons, le sang jaillit à flots, et la mobilité diminue dans une grande proportion. Grâce aussi à cette attaque par derrière, la baleine change souvent de route, la pirogue se trouve par son travers, et le service de la lance peut recommencer.

« Il serait impossible de peindre toutes les ruses, toutes les furieuses attaques, toutes les fatigues et enfin toutes les charges à outrance de l'homme contre cette masse vivante, dont un seul coup d'aileron briserait toutes les pirogues d'un navire. Quand l'occasion le permet, une autre pirogue s'amarre en second, afin d'enlever au cétacé plus de chance de fuite et d'arriver au résultat final. A chaque coup, l'animal pousse des soufflements rauques et métalliques, qu'on peut entendre à plusieurs milles de distance ; le souffle blanc, épais, chargé de beaucoup d'eau pulvérisée, s'élève à une grande hauteur, jusqu'à ce qu'après un coup plus heu-

reux, deux colonnes de sang s'échappent des évents,
s'élèvent dans l'air, et, dans leur chute, rougissent la
mer sur une large surface ; à partir de ce moment, la
baleine est considérée comme morte.

« Quelquefois la mort vient aussitôt après l'apparition
du sang dans le souffle ; mais le plus souvent la vie se
prolonge encore une ou plusieurs heures : cette circon-
stance est regardée comme favorable, en ce que la grande
perte de sang prépare, pour la suite, un corps spécifi-
quement plus léger et flottant mieux. Pourtant l'animal
peut encore être perdu, si l'éloignement, la nuit ou l'état
de la mer ne permettent pas au navire de le suivre. A
l'approche de la mort, la pauvre baleine rassemble ce qui
lui reste de force, et, dans une fuite désordonnée, sans
but, sans conscience du danger, elle nage, nage, renver-
sant tout ce qu'elle rencontre sur son passage ; elle ne
voit rien, se jette à l'aventure sur les pirogues, sur les
autres baleines, sur un rocher ou sur la plage. Bientôt un
frisson général s'empare de son corps ; ses convulsions
font blanchir et bouillir la mer : on dit alors, suivant
l'expression cruelle des marins, qu'elle fleurit. Enfin, elle
soulève une dernière fois la tête, une dernière fois elle
cherche le soleil et meurt. Devenue désormais corps
inerte, elle se renverse et flotte, le dos en bas, le ventre
à fleur d'eau, la tête un peu plongeante (1). »

---

(1) *Journal d'un Baleinier.*

La chasse à la baleine est lucrative, les fanons et la graisse de chaque animal tué se paient cher ; mais cette chasse est aussi fort dangereuse ; et quand, après des fatigues énormes, la pauvre blessée tarde trop à mourir, il n'est pas rare qu'elle soit perdue pour le baleinier.

On a donc cherché, non sans raison, à perfectionner les armes employées contre ce grand cétacé, et l'on en a inventé de nouvelles. La lance est à peu près ce qu'elle était autrefois ; mais le harpon a été modifié de manière à ce que, dès qu'il a pénétré dans la graisse de la baleine, elle ne puisse s'en débarrasser, ce qui arrivait quand la blessure n'était pas très profonde.

Une lourde carabine, à canon épais et court, envoie à l'animal divers projectiles, dont le plus généralement employé est celui de la bombe-lance américaine, qui éclate dans le corps de la baleine. On se sert aussi de balles explosibles, lancées par une carabine à canon rayé ; enfin, grâce à la découverte faite par le docteur Thiercelin, on tue plus sûrement et plus promptement la baleine au moyen de balles empoisonnées par un mélange de curare et de strychnine.

Pour s'assurer par lui-même de l'effet de ce poison et de la dose à laquelle on devait l'employer, ce courageux savant s'embarqua, en 1863, sur un navire baleinier qui se dirigeait vers les mers du Sud. Il fut convenu entre le docteur et le capitaine qu'on laisserait ignorer aux matelots l'essai qu'on allait faire, et que seulement après avoir harponné l'animal, on lui enverrait comme des bombes ordinaires les projectiles empoisonnés. Mais il arriva que les premières de ces balles éclatèrent dans l'air ou dans l'eau, ce qui n'étonna nullement leur inventeur.

« Si l'on compare, en effet, dit-il, les mouvements lents, presque réguliers, d'une baleine qui ignore le danger aux soubresauts violents, saccadés, furieux, de celle qui vient de recevoir un harpon et cherche à fuir, on comprendra combien l'envoi de la bombe-lance est facile dans le premier cas et combien il devient difficile dans l'autre. Au moment où la pirogue est entraînée dans la course de l'animal furieux, ballottée en tous sens par ses ricochets, ses sauts, ses bonds au-dessus de l'eau, l'officier n'a certes pas un grand loisir pour prendre à la main une arme lourde, l'épauler convenablement, viser juste et tirer à temps. Si encore il n'avait que cela à faire ! Mais il lui faut éviter la baleine quand elle revient sur le boat, filer la ligne quand elle sonde, etc., etc. ; car c'est lui qui veille au salut commun, qui souvent y travaille seul, les matelots conservant bien juste assez de sang-froid pour nager d'après son commandement. »

Un jour cependant qu'une baleine harponnée et fuyant avec vigueur allait gagner une passe où l'on serait obligé de l'abandonner, une balle empoisonnée l'atteignit et la fit périr en dix minutes.

Peu de temps après, une seconde baleine ayant été tuée

à coups de lance, une des bombes du docteur alla, par hasard, frapper un autre cétacé, qu'on n'attaquait pas. Celui-ci s'éloigna rapidement, en frappant les flots de sa nageoire caudale ; on lui jeta un harpon, mais il était déjà mort.

En 1881, M. Barrois, chargé d'une mission scientifique en Laponie, donnait les détails suivants sur la chasse de la baleine, à laquelle se livraient trois navires à hélice et bons marcheurs :

« Ces navires portent à l'avant un gros canon, pivotant dans tous les sens. Le projectile de ce canon est un instrument très ingénieux, qui se compose de plusieurs-pièces. C'est d'abord un fer de lance vissé sur un obus explosible, qui lui-même est vissé sur un harpon à quatre branches.

« Dès qu'une baleine est à portée, — ordinairement à trente mètres, — on tire en plein corps. Grâce au fer de lance, l'obus entre facilement, suivi du harpon. A ce moment, l'animal blessé cherche à fuir ; les branches du harpon, en se détachant, font agir un marteau qui frappe une capsule de fulminate de mercure, et l'obus éclate.

« La baleine est tuée du coup. On lui passe alors une chaîne dans le nez ou dans les ailerons, et on la ramène jusqu'à l'usine où elle doit être dépecée. La plupart des baleines que j'ai vues mesuraient vingt-deux mètres de longueur. »

Autrefois, quand on avait tué une baleine, on l'amarrait à l'un des flancs du navire ; des harponneurs, chaussés de bottes à crampons, descendaient sur son dos, et, après lui avoir enlevé un collier de peau et de graisse, ils coupaient, dans le sens de sa longueur, des tranches qu'on élevait à l'aide d'une poulie placée au-dessous de la grande hune. On les étendait ensuite sur le pont, où les matelots les découpaient.

Aujourd'hui, on sape, au moyen de pelles tranchantes, un des côtés de la lèvre inférieure, on l'enlève ainsi que la langue ; on attaque l'autre côté, puis la mâchoire supérieure. Cela fait, on coupe une bande de peau et de graisse en tire-bouchon, de la tête à la queue, et l'on détache cette bande en faisant tourner la baleine sur elle-même, comme une poire qu'on voudrait peler. Une machine découpe ensuite ces tranches en morceaux d'un centimètre d'épaisseur.

On fond la graisse à bord des bâtiments, chose que les Français ont toujours faite, les baleiniers étrangers, beaucoup plus nombreux, les empêchant de descendre à terre pour se livrer à ce travail. Un matelot basque, nommé Soupite, eut l'ingénieuse idée de chauffer les fourneaux établis sur le pont, en y brûlant les gratillons, c'est-à-dire les morceaux dont on avait retiré la graisse. Chaque baleine fournit assez de ces rebuts pour opérer la fonte de tout son lard, et l'huile qu'on en extrait est de meilleure qualité que celle qu'on va fondre à terre, parce que ce lard n'a pas le temps de rancir.

Toutefois, le fourneau installé à bord y occasionnait souvent de graves accidents. Quelques précautions qu'on pût prendre, le plancher s'échauffait, se carbonisait et finissait par s'effondrer, répandant le feu et l'huile bouillante dans l'entre-pont. Cette perpétuelle menace d'incendie n'existe plus depuis qu'on s'est avisé de placer le fourneau au-dessus d'un espace vide, dans lequel on fait arriver un courant d'eau.

La chair de la baleine était jadis fort estimée, puisqu'elle figurait sur la table des rois ; cependant elle est dure, coriace, et ne vaut pas le bœuf, auquel on trouve qu'elle ressemble. L'équipage des navires baleiniers est souvent obligé de s'en contenter. Le docteur Thiercelin dit que le cuisinier du bord, habile dans l'art des transformations et des pseudonymes retentissants, servait des beefsteaks, des roastbeef et du bœuf à la mode dont la baleine avait fourni les matériaux.

Les habitants des régions boréales mangent volontiers la chair et la peau de ce grand cétacé ; mais ils préfèrent encore son huile, qui les réchauffe lorsqu'ils peuvent la boire à longs traits. Son squelette leur sert à construire des cabanes ou des canots. Malheureusement pour eux, la baleine, autrefois très abondante dans l'Océan arctique, y devient chaque jour plus rare.

La grande espèce, dite baleine franche, a presque entièrement disparu. Jadis, le long des côtes de la Finlande, de la Grande-Bretagne, de la France, on le

voyait errer soit par couples, soit en familles. Elles fré-
quentaient le golfe de Gascogne, où les Basques,
pêcheurs intrépides, se risquèrent à les attaquer. Les
baleines effrayées gagnèrent la haute mer, puis s'enfuirent
vers le Nord, en attirant à leur suite ces hommes inac-
cessibles à la peur.

Les Norwégiens, les Bretons, les Normands ne
tardèrent pas à partager avec les Basques les hasards de
cette dangereuse poursuite.

« Noble guerre, grande école de courage, dit Michelet.
Cette pêche n'était pas comme aujourd'hui un carnage
facile, qui se fait prudemment, de loin, avec une machine ;
on frappait de sa main, on risquait vie pour vie. On tuait
peu de baleines ; mais on gagnait infiniment en habileté
maritime, en sagacité, en intrépidité. On rapportait
moins d'huile et plus de gloire. »

Avec le temps, la chasse à la baleine devint très pro-
ductive. Deux navires hollandais se rendirent au
Spitzberg en 1612 ; mais les Anglais, qui les y avaient
précédés, les empêchèrent d'y descendre. Là, comme
partout, la raison du plus fort devait être la meilleure.
Ce fut à qui, des Anglais ou des Hollandais, enverrait
sous ces froides latitudes le plus grand nombre de vaisseaux. Au lieu de tuer des baleines, on tua des hommes,
jusqu'à ce que les deux nations, comprenant mieux leurs
intérêts, se fissent de mutuelles concessions.

A partir de ce moment, on fit à ces grands cétacés une

guerre sans merci. Deux cents navires hollandais ne parvenaient pas, en faisant deux voyages par année, à ramener chez eux l'huile et les fanons. L'Angleterre rivalisait avec la Hollande ; la France et les autres puissances européennes armaient aussi des bâtiments qui faisaient voile vers ces parages lointains.

On détruisait les baleines par milliers; celles qui échappaient à d'incessantes poursuites, s'éloignant de plus en plus vers le Nord, gagnèrent les glaces mouvantes, puis le nord-ouest du Groënland, le détroit de Davis et la mer de Baffin.

La baleine franche ou baleine boréale étant devenue à peu près introuvable, on chasse maintenant la baleine australe, qui sans doute est destinée à disparaître à son tour. Cette baleine, plus petite que l'autre, se plaît dans les eaux tempérées, le long de la côte occidentale de l'Amérique, au sud de l'Afrique et entre les îles de l'Océanie. Les Etats-Unis emploient à cette chasse plus de quinze cents bâtiments.

VIII.

Expéditions dans les Mers boréales.

Les premiers explorateurs des mers arctiques ont été
des pêcheurs, et sans nul doute leurs courses aventureuses ont préparé les découvertes faites au XVᵉ siècle.

« Qui a ouvert aux hommes la grande navigation ? dit
Michelet. Qui révéla la mer, en marqua les zones et les
voies ? Enfin qui découvrit le globe ? La baleine et le baleinier.

« Tout cela bien avant Colomb et les fameux chercheurs
d'or, qui eurent toute la gloire, retrouvant à grand bruit
ce qu'avaient trouvé les pêcheurs. La traversée de l'Océan,
que l'on célébra tant au XVᵉ siècle, s'était faite souvent par
le passage étroit d'Islande au Groënland, et même par le
large ; car les Basques allaient à Terre-Neuve. »

Ils l'ignoraient, comme tout le monde, et ce fut en

cherchant un passage pour aller, par mer, d'Europe en
Asie que Colomb découvrit l'Amérique. A partir de ce
moment, la plupart des navigateurs se dirigèrent vers les
froides mers qui baignent au nord ce nouveau continent,
et ils bravèrent tous les dangers dans l'espoir de trouver
ce passage.

En 1497, Jean Cabot parvint jusqu'à la presqu'île du
Labrador, et son fils Sébastien découvrit ensuite l'île de
Terre-Neuve.

Gaspard de Cortereal reconnut ces divers points; il
voulait aller plus loin, mais sa courageuse opiniâtreté lui
coûta la vie.

Sir Hugh Willoughby eut le même sort sur la côte orientale de la Laponie.

Martin Frobisher donna à la pointe méridionale du
Groënland le nom de cap Farewell, et s'avança jusqu'au
63° de latitude nord.

En 1585, Davis découvrit la terre de Cumberland et le
détroit qui la sépare du Groënland. Une expédition hollan-
daise, commandée par Hemskerke, et conduite par le
pilote Guillaume Barentz, découvrit le Spitzberg, longea
la côte de la Nouvelle-Zemble et y passa un hiver, pendant
lequel Barentz mourut de froid.

Le 1er mai 1609, Henri Hudson quittait l'Angleterre et
faisait voile vers les mers arctiques. A deux reprises, il
longea la côte du cap Nord et s'avança hardiment vers le
pôle; mais il se vit arrêté par des glaces infranchissables.

Il revint en Europe et offrit ses services à la Hollande. On lui donna un navire avec lequel il prit la route du nord-est. Il y rencontra les mêmes obstacles, et, tournant alors vers l'ouest, il passa près de l'Islande, aperçut le Groënland, puis le Labrador, et se dirigea vers le détroit auquel les Anglais ont donné son nom.

Son équipage révolté le jeta, avec son fils, le charpentier du navire et quelques matelots demeurés fidèles à leur devoir, dans une chaloupe sans voiles et sans vivres, et jamais on n'entendit parler d'aucun d'eux.

Un autre pilote anglais, William Baffin, découvrit le petit golfe de la Baleine et parcourut la grande baie qu'on appelle encore aujourd'hui la mer de Baffin.

Behring, Danois d'origine, ayant offert ses services au tzar Pierre le Grand, trouva, en 1728, entre l'Amérique et l'Asie, le détroit qui a conservé son nom; mais, épuisé par la fatigue, le froid et la faim, il succomba dans une île déserte.

Cook pénétra jusqu'au 70°; mais là il rencontra un champ de glace qui n'avait pas moins de vingt mètres d'épaisseur. Force lui fut de reculer devant cette infranchissable barrière. L'année suivante, Clarke la retrouva telle que Cook l'avait dépeinte; il se dirigea vers la côte d'Asie, mais il mourut en y arrivant.

Plusieurs autres expéditions furent tentées sans plus de succès.

John Ross, envoyé dans la mer de Baffin, fut la dupe

9

du mirage fréquent dans ces régions, où l'air n'est que miroirs et petits cristaux, selon l'expression de Michelet. Il crut voir, il vit distinctement une chaîne de montagnes appartenant à une terre qui lui barrait le passage. Il revint en Angleterre; mais on le railla d'avoir pris une illusion d'optique pour un obstacle infranchissable, et il sollicita en vain, pendant dix ans, les moyens de tenter une nouvelle expédition.

Enfin, il obtint d'un distillateur de Londres, Félix Booth, ce que le gouvernement anglais lui refusait. Ce généreux industriel lui donna un demi-million, qu'il employa à l'armement d'un navire, avec lequel il gagna le canal du Prince-Régent, puis un petit havre auquel il donna le nom de port Félix. Il y fut bloqué par les glaces, et pendant plusieurs années il ne put en faire sortir son bâtiment. Réduit au plus triste état, errant avec quelques-uns des siens sur ces côtes désolées, où ils souffraient cruellement du froid et de la faim, il fut aperçu par un baleinier, qui lui offrit un asile à son bord.

John Ross y était à peine monté, qu'il reconnut, avec une profonde émotion, un bâtiment qu'il avait été forcé d'abandonner dans les glaces.

— Ce navire, demanda-t-il, n'est-ce pas l'*Isabelle*. que commandait autrefois le capitaine John Ross?

— Oui, lui répondit-on; mais le capitaine John Ross est mort, il y a déjà longtemps. Ne l'auriez-vous pas rencontré par hasard?

— John Ross, c'est moi, reprit le capitaine. J'ai tant souffert, que ni mes parents ni mes amis ne pourraient me reconnaître.

On se félicita de l'avoir recueilli, on l'entoura d'égards et on lui prodigua des soins, grâce auxquels il recouvra la santé.

Après le premier voyage de John Ross, on lui avait enlevé son commandement pour le donner à Parry, son lieutenant. Celui-ci, ayant deux vaisseaux à sa disposition, découvrit plusieurs détroits et un grand nombre d'îles, auxquelles on a donné le nom d'archipel Parry. Obligé d'hiverner dans la baie de Winter, à l'île Melville, il ne put y arriver qu'en sciant dans la glace un chenal d'une lieue de longueur. Malgré toutes les précautions qu'il prit pour adoucir les souffrances de ses équipages pendant la longue nuit qu'ils devaient passer dans cette île, plusieurs matelots périrent et d'autres eurent les membres gelés ; car la température descendit à 47° au-dessous de zéro. Aussi, dès que le dégel arriva, le capitaine se hâta de retourner en Angleterre.

En 1821, il entreprit un second voyage, pendant lequel il visita la baie d'Hudson ; et dans une troisième explora-tion, en 1824, il fut surpris par les glaces et forcé d'hi-verner encore dans le canal du Prince-Régent. Il y perdit un de ses vaisseaux, ce qui ne l'empêcha pas de revenir encore dans ces mers en 1826. Marchant droit vers le nord, il laissa son navire, l'*Hécla*, à l'île de la Table ; il répartit ses gens dans deux barques, construites de manière à servir de traîneaux quand il rencontrerait des glaces, ce qui ne tarda guère. Après des efforts héroïques, Parry, n'avançant plus que très lentement et avec des fatigues incroyables, dut rebrousser chemin pour regagner son vaisseau.

Pendant que ce vaillant navigateur pénétrait plus près du pôle qu'aucun de ses devanciers, sir John Franklin, après avoir fait un premier voyage dans la mer arctique, y retournait et explorait, sur une étendue de cinq cents lieues, la côte septentrionale de l'Amérique. En 1845, il partit pour la troisième fois, avec les deux navires qui, sous la conduite de James Clarke Ross, avaient fait une heureuse expédition dans les mers australes.

Au mois de juin de cette même année, des capitaines baleiniers aperçurent ces deux navires, l'*Erèbe* et la *Terreur*; puis un temps très long se passa, sans qu'on reçût en Angleterre aucunes nouvelles de cette exploration. Sur les sollicitations réitérées de lady Franklin, l'Amirauté anglaise envoya plusieurs bâtiments à sa recherche. Des Américains et des Français se joignirent aux Anglais pour essayer de retrouver ses traces. Ils parcoururent en tous sens cette mer inhospitalière. Le lieutenant René Bellot, de notre marine, y périt dans une tourmente.

En 1850, Ommanay et Penny découvrirent, à l'entrée du canal de Wellington, des cordes, des caisses, des habits, qui leur indiquèrent le passage de l'*Erèbe* et de la

Terreur. Ils en conclurent qu'il fallait pousser vers le nord, quoique lady Franklin soutînt que son mari devait avoir tâché de se rapprocher du sud.

Les recherches étaient demeurées inutiles, quand des Esquimaux racontèrent qu'on avait vu errer, quelques années auparavant, une soixantaine d'hommes, épuisés et amaigris, que leur nombre n'avait pas tardé à diminuer et que sans doute ils étaient tous morts. Ces détails ayant été transmis à lady Franklin, elle acheta un vaisseau, dont elle donna le commandement au capitaine Mac-Clintock, en le priant de se diriger en toute hâte vers le point indiqué.

Le *Fox* explora longtemps en vain ces dangereux parages; il y demeura enfermé dans les glaces; mais c'était un bon navire, et, le printemps venu, il recommença ses recherches. Enfin, après deux années de fatigues et de déceptions, Mac-Clintock découvrit dans l'île du Roi-Guillaume un cairn, c'est-à-dire un entassement de pierres destiné à attirer l'attention; il le fouilla et il y trouva un parchemin constatant que sir John Franklin était mort le 11 juin 1847, et annonçant que les derniers survivants de l'expédition allaient abandonner leur navire.

Le capitaine du *Fox* rapporta ces notes en Angleterre, ainsi que divers objets ayant appartenu au commandant et à ses équipages.

En 1832, un jeune et courageux Français, Jules de Blosseville, s'était aussi perdu dans les glaces, sans dé-

couvrir le passage nord-ouest. La *Lilloise*, qu'on lui avait
confiée pour cette dangereuse expédition, était en si
mauvais état, qu'elle fit eau le jour où l'on devait mettre
à la voile. Blosseville dépensa 40,000 fr. pour la faire
réparer; mais on ne revit ni le navire ni le capitaine,
quoique M. Paul Gaimard, envoyé à sa recherche, explorât
ensuite avec grand soin les côtes du Groënland vers
lesquelles la *Lilloise* avait dû se diriger,

Enfin, au mois d'avril 1850, le fameux passage fut
trouvé par le capitaine Mac-Clure. Entré dans la mer
arctique par le détroit de Behring, il arriva à l'île Melville, où il se vit enfermé dans les glaces pendant deux
longues années. Mourant de faim et ne pouvant franchir
la terrible barrière pour retourner sur ses pas, il s'élança
en avant avec des traîneaux attelés de chiens esquimaux,
et il dut à cet acte de désespoir une découverte dont on
ne pouvait espérer grand profit, puisqu'elle eût coûté la
vie à beaucoup d'habiles et courageux marins.

Le passage une fois trouvé, l'ardeur des explorateurs
de l'Océan arctique ne se refroidit pas. Un jeune Américain, le docteur Kane, qui avait fait partie de l'équipage
du lieutenant de Hawen, à la recherche de Franklin,
offrit d'aller droit vers le nord, où il avait, disait-il, la
certitude de trouver une mer libre, après avoir franchi
les glaces qui rendent la navigation si périlleuse dans cet
Océan.

Un armateur de New-York, nommé Grinnel, donna

deux vaisseaux, et de généreux souscripteurs couvrirent les frais de l'expédition. Le premier voyage de Kane ne fut pas heureux. Après un pénible hivernage sur la côte du Groënland, il retourna aux Etats-Unis, et y trouva un accueil fait pour l'encourager, s'il eût été capable de défaillance. Mais il était plein de force et d'ardeur, et quand il eut encore une fois recueilli les fonds nécessaires, il s'embarqua avec plus de confiance que jamais. Un second hivernage, puis un troisième, le trouvèrent toujours le même; il voulait atteindre la mer dont il avait affirmé l'existence, et il fermait l'oreille aux plaintes de ses compagnons.

Plusieurs l'abandonnent; il ne s'en inquiète pas. Quand il devrait mourir avec ceux qui lui restent, il ne reverra son pays qu'après avoir atteint la mer libre du pôle.

Un troisième hivernage devient nécessaire, et dans quelles conditions! Le chauffage et les vivres manquent; plusieurs hommes succombent, puis les chiens.... Kane ne doit son salut qu'aux Esquimaux, pour lesquels il chasse, quoiqu'il soit cruellement épuisé par le froid et les privations.

Mais un jour, son lieutenant Morton, envoyé en expédition, lui apprend au retour qu'il a vu, du haut d'un promontoire, la mer libre du pôle.

Voici ce que Kane dit de cette découverte :

« Les voyages que j'ai faits moi-même et les différentes expéditions de mes compagnons ont démontré

qu'une surface solide de glace couvre entièrement la mer
à l'est, à l'ouest et au sud du canal de Kennedy. Depuis
la limite méridionale de cette banquise jusqu'à la région
mystérieuse de l'eau libre, il y a, à vol d'oiseau, 180 kilomètres. N'eût-ce été la vue des oiseaux et l'affaiblissement
de la glace, ni Hans ni Morton n'en auraient cru leurs
yeux; car ils n'avaient aucune prévision de ce fait.

« Lorsque, prenant terre en cet endroit, ils continuèrent
leurs explorations, un fait nouveau les frappa. Ils étaient
sur les bords d'un canal si ouvert, qu'une frégate ou une
flotte de frégates aurait pu y faire voile. La glace, déjà
brisée et fragmentée, formait une sorte de plage en fer à
cheval, contre laquelle la mer se brisait. En s'avançant
vers le nord, le canal formait un miroir bleu et non glacé;
trois ou quatre petits blocs étaient tout ce qu'on pouvait
voir à la surface de l'eau....

« La vie animale qui nous avait fait défaut vers le sud
leur apparut d'une manière saisissante. Au havre de
Renneselaer, à l'exception du phoque netsik ou du rare
héralda, nous n'avions aperçu aucun gibier; mais là l'oie
de Brent, l'eider et le canard royal étaient si nombreux,
que nos voyageurs en tuaient deux d'une simple balle.

« L'oie de Brent n'avait pas été vue depuis l'entrée sud
du détroit de Smith. Elle est bien connue du voyageur
polaire comme un oiseau émigrant du continent américain. Ainsi que ceux de la même famille, cet oiseau se
nourrit de matière végétale, généralement de plantes ma-

rines, avec les mollusques qui y adhèrent. On le trouve
rarement dans l'intérieur des terres, et ses habitudes en
font un indice de la présence de l'eau. Les troupes de ces
oiseaux, qu'on distingue aisément par la ligne triangu-
laire qu'elles dessinent dans leur vol, traversaient l'eau
obliquement et disparaissaient vers la terre, au nord et à
l'est. J'ai tué de ces oiseaux sur la côte du canal de Wellington, à 74° 50 de latitude septentrionale, c'est-à-dire
six degrés plus au sud; ils volaient dans la même direction.

« Les rochers étaient couverts d'hirondelles de mer,
dont les habitudes demandent l'eau libre ; ces oiseaux
étaient déjà au moment de la ponte.

« Il peut être intéressant pour d'autres personnes que
pour des naturalistes d'établir que tous ces oiseaux occu-
paient les premiers kilomètres du canal, depuis le com-
mencement de l'eau libre, mais que plus au nord ils
étaient remplacés par des oiseaux nageurs. Les mouettes
étaient représentées par non moins de quatre espèces. Les
Kittiwakes, rappelant à Morton la navigation de la baie
de Baffin, étaient encore occupés à enlever le poisson de
l'eau, et leurs tristes cousins, les bourguemestres, parta-
geaient un dîner servi à si peu de frais. L'animation était
partout.

« De la flore et de ses indications je dirai peu de chose,
et j'oserai encore moins en tirer des conclusions, quant à
la température. La saison était trop peu avancée pour

l'épanouissement de la végétation arctique, et, en l'absence d'échantillons, j'hésite à adopter les observations de
Morton, qui n'était pas botaniste. Il est évident cependant
que beaucoup de plantes à fleurs, au moins aussi déve-
loppées que celles du havre de Renneselàer, étaient déjà
reconnaissables. Et, chose étrange, le seul échantillon
rapporté fut une crucifère dont les siliques, contenant de
la semence, avaient survécu à l'hiver et témoignaient
ainsi d'un parfait développement. Cette plante, trouvée
au nord du Grand-Glacier, ne m'avait pas été signalée
depuis la zone sud du Groënland.

« Un autre fait remarquable, c'est que, dans la conti-
nuation du voyage, la glace qui avait servi de sentier pour
les chiens se rompait, se fondait, et, à la fin, disparaissait complètement, de sorte que le traîneau devint
inutile, et que Morton se trouva obligé de gravir les rochers de la plage d'une mer dont les vagues, comme les
eaux familières du sud, venaient se briser à leur pied.

« Là, pour la première fois, il remarqua le pétrel
arctique, et ce fait démontre la régularité de son obser-
vation, quoiqu'il n'en connût pas l'importance. Cet oiseau
n'avait pas été vu depuis que nous avions quitté les eaux
hantées par les baleiniers anglais, à plus de 325 kilomètres au sud. Sa nourriture est essentiellement marine,
et il s'attroupe rarement, excepté dans les parages fréquentés par la baleine et les plus grands animaux de
l'Océan. Ici, des groupes de ces pétrels se balançaient au-

dessus de la crête des vagues, comme le font, dans les
climats plus doux, les représentants de la même espèce,
c'est-à-dire les pigeons du cap de Bonne-Espérance, les
poulets de la mer Carey et autres.

« Morton, quittant Hans et ses chiens, passa entre l'île
de sir John Franklin et une plage étroite dont la côte,
semblable à une muraille, était formée de sombres masses
de porphyre, allant se perdre dans la mer. Avec des difficultés croissantes, il entreprit de grimper de rocher en
rocher, dans l'espérance de doubler le promontoire et
d'apercevoir la côte au delà ; mais l'eau entravait de plus
en plus le chemin.

« Ce dut être un spectacle imposant que la vue de la
vaste étendue d'eau étalée devant lui. Au plus haut point
de son ascension, il n'apercevait pas un atome de glace.
Là, d'une hauteur de 145 mètres, avec un horizon de
65 kilomètres, ses oreilles furent réjouies par la nouvelle
musique des vagues ; un ressac se brisant à ses pieds, au
milieu des rochers, arrêta sa marche....

« Se présentant ainsi au milieu des vastes plaines
de glaces, cet élément fluide était de nature à soulever des
émotions de l'ordre le plus élevé. Il n'y avait pas un de
nous qui ne fût animé du désir de s'embarquer sur ces
eaux resplendissantes et solitaires. On sait comment nous
fûmes forcés de renoncer à ce désir.... »

Il n'y fallait pas songer, l'épuisement du docteur et de
ses hommes ne leur permettait pas de franchir la distance

et les obstacles qui les séparaient de cette mer ; mais du moins Kane pouvait ne plus s'obstiner à rester là. Les Esquimaux vinrent à son aide. Il leur laissa son vaisseau, toujours engagé dans les glaces, et il regagna péniblement le port d'Upernavik, au Groënland. Là, se trouvait un navire américain, qui s'empressa de le recueillir, ainsi que ses compagnons.

Les soins dont il fut l'objet ne parvinrent pas à rétablir ses forces détruites par de si longues souffrances, et il n'arriva aux Etats-Unis que pour y mourir.

Quatre ans après, un autre Américain, le docteur Hayes, qui avait fait partie de cette expédition en qualité de chirurgien, et qui avait découvert la terre de Grinnel, séparée du Groënland par le détroit de Smith, résolut de poursuivre l'œuvre commencée par Kane. Ses compatriotes et plusieurs sociétés savantes de l'Europe lui fournirent les sommes nécessaires à cette nouvelle exploration, et, en 1860, il partit avec un équipage d'élite, auquel se joignirent ensuite plusieurs chasseurs esquimaux.

Après une pénible navigation et un hivernage sur les côtes du Groënland, Hayes se dirigea vers la terre de Grinnel, à l'aide de traîneaux tirés par des chiens. Il laissa dans son navire ceux de ses hommes sur la force desquels il pouvait le moins compter, et il traversa le détroit de Smith, avec trois de ses compagnons seulement. Il lui fallut trente et un jours pour franchir, à travers les glaces disloquées, une distance de cent cinquante kilomètres qui le séparaient du cap Hawks. Une course plus rapide, toujours dirigée vers le nord, l'amena près d'une baie profonde, couverte d'une glace récemment formée, sur laquelle les chiens refusèrent absolument de se hasarder.

Désolé de ce contre-temps, le capitaine, voulant examiner les environs, gravit une colline escarpée, surmontée d'un roc élevé. Quelle surprise et quelle joie! Il avait devant lui la mer libre du pôle ; mais il ne pouvait aller plus loin. Une large crevasse, partant du milieu de la baie, allait, en se ramifiant, se perdre dans cette mer, et les glaces du large étaient en trop mauvais état pour le porter.

Il déchira une page de son carnet, y inscrivit la date de sa découverte, 19 mai 1861, et enferma cette note dans une fiole, au-dessus de laquelle il éleva un petit monticule de pierres. Il espérait, en reprenant la route de son port d'hivernage, pouvoir revenir vers cette mer, qu'il était si heureux d'avoir contemplée ; mais l'état dans lequel il retrouva sa goëlette ne le lui permit pas.

Après Hayes, nous devons citer l'illustre voyageur Nordenskiold, qui, de 1858 à 1879, a fait plusieurs excursions dans les mers arctiques. Il a reçu naguère des sociétés savantes de l'Europe l'accueil le plus distingué, et la relation des découvertes qu'il a faites et des dangers dont il a triomphé offrira, sans aucun doute, le plus vif intérêt.

L'existence d'une mer libre au pôle était depuis longtemps soupçonnée; plusieurs navigateurs l'avaient ad-
mise, entre autres l'amiral Wrangel, qui, n'étant encore
que lieutenant dans la marine russe, déclarait, en 1824,
qu'au nord des îles de la Nouvelle-Sibérie, se trouve un
grand bassin libre de glaces. Même avant ces habiles explorateurs des mers arctiques, des baleiniers anglais et
hollandais avaient pénétré jusque dans ces eaux rapprochées du pôle.

Le célèbre Maury, et avec lui la plupart des savants,
attribuent la fluidité du bassin polaire à l'affluence des
eaux tièdes du gulf-stream et aux courants qu'y entretient
la différence de température entre ces eaux venues de
l'équateur et les eaux froides du nord.

Mais au delà de cette mer libre du pôle, n'y a-t-il pas
des terres inconnues? Quelles sont ces terres? Sont-elles
désertes? Et si elles ont des habitants, appartiennent-ils
aux mêmes races que ceux des deux continents? On
l'ignore encore; aussi les explorations dans l'Océan
arctique ne sont-elles pas abandonnées.

En 1870, un de nos compatriotes, Gustave Lambert,
avait organisé une expédition ayant pour but de résoudre
ces questions. Il se chargeait de la diriger et il se disposait à partir, quand éclata la terrible guerre dont nous ne
perdrons jamais le souvenir. Il ne s'agissait plus d'aller
porter jusqu'au pôle le nom de la France : il fallait la défendre. Le courageux savant ajourna son projet; mais

il tomba sous les balles prussiennes au combat de Buzenval.

Les Américains n'ont pas renoncé à compléter les découvertes des docteurs Kane et Hayes. La plus récente de leurs expéditions polaires est celle de la *Jeannette*, dont les frais furent faits par M. Gordon Bennett, rédacteur en chef du *New-York-Herald*.

La *Jeannette* partit le 5 juillet 1878, ayant à bord cinquante hommes résolus, sous les ordres du capitaine Delong. On reçut d'abord de bonnes nouvelles du bâtiment; puis le silence succéda aux premières dépêches, et pendant deux années on n'entendit plus parler des braves marins qui s'étaient hardiment lancés dans cette entreprise.

On ne savait que penser, et peu à peu l'inquiétude fit place à la presque certitude d'une catastrophe. La *Jeannette* devait avoir péri; mais aucun de ceux qu'elle portait n'avait-il survécu à ce désastre? Un jour, on apprit que le navire, engagé dans les glaces, avait souffert de graves avaries et que son équipage avait dû s'embarquer sur trois canots. La *Léna* fut envoyée au secours des naufragés; mais quand elle arriva pour les recueillir, trois d'entre eux seulement vivaient encore.

Dans les premiers jours de septembre 1882, ces trois survivants vinrent à Paris et rendirent compte du drame qui s'était accompli dans les glaces. L'un d'eux, M. Melville, ingénieur de la marine des Etats-Unis, était parti pour cette expédition, quoiqu'elle ne lui parût pas avoir de grandes chances de succès. Au moment de quitter San-Francisco, il avait écrit à sa femme ces quelques lignes, qui témoignent en faveur de son courage :

« J'ai un pressentiment que nous ne nous reverrons pas, ma chère femme. C'est folie de laisser partir pour le pôle nord ce bâtiment qui n'est pas conditionné pour résister aux glaces. Mais je ne veux pas passer pour un lâche ; et puisque le gouvernement m'a désigné, je pars avec mes camarades. Adieu, et à vous de cœur ! »

Sauvé comme par miracle, il raconta qu'après deux mois de navigation, la *Jeannette* était parvenue à 750 milles anglais du pôle, mais qu'alors une barrière de glace l'avait arrêtée.

« Obligés d'hiverner et d'attendre la saison du dégel, nous sommes, dit-il, descendus sur le champ de glace. Au mois de juin 1881, nous attendions encore la débâcle. Mais sous l'action du froid et sous la pression de l'*icefield*, la *Jeannette* s'était endommagée et était devenue impropre à la navigation.

« Le commandant Delong organisa alors le sauvetage. L'équipage fut partagé en trois escouades. On chargea sur les traîneaux la baleinière et les deux cutters, tous les vivres et tout le charbon qu'on put emporter, et l'on partit, chaque détachement prenant une direction différente.

« Jusqu'à ce moment, nous avions souffert du froid ; mais nous n'avions pas connu le martyre. Les notes du

commandant Delong , que j'ai retrouvées sous la neige ,
à l'embouchure de la Léna , contiennent le récit des maux
endurés par les hommes de son détachement.

« L'héroïque capitaine vit successivement mourir
autour de lui tous ses compagnons , emportés par le froid
ou par la faim. Lui-même mourut après tous les autres ,
presque en écrivant la dernière phrase de son horrible
histoire. Le dernier feuillet de ce journal lugubre contient quelques lignes seulement , tracées d'une main trem-
blante :

« Mes deux derniers matelots sont agonisants à mes
« côtés. Je ne puis rien pour les soulager. Depuis que le
« docteur Ambler est mort, nous sommes sans remède
« contre la maladie. Moi-même , je sens que je n'irai pas
« loin.... J'ai froid au cœur. Peut-être n'écrirai-je plus
« rien.... Si jamais un homme trouve ces feuillets , je lui
« demande de les faire parvenir au gouvernement des
« Etats-Unis ou à ma femme.... »

Le détachement placé sous les ordres de l'ingénieur
Melville n'eut guère moins à souffrir que celui du commandant Delong. Tant qu'il y eut des vivres et du charbon, la situation , quoique des plus pénibles , fut encore
supportée par ces hommes énergiques ; mais , malgré
toute l'économie avec laquelle on ménageait ces ressources , elles ne durèrent pas au delà de deux mois ; et
qui pourrait dire ce qu'ils endurèrent alors ? Trois seulement y résistèrent, Melville , Nindeman et Nordscott.

10

IX.

Expéditions dans les Mers australes.

Le pôle austral est moins connu que le pôle arctique ou boréal. Il est entouré d'une immense quantité de glaces, qui, d'après les suppositions les plus raisonnables, s'étendraient à deux mille kilomètres de leur point central.

Les terres baignées par l'océan Glacial du Nord ne sont guère habitées que par de misérables peuplades ; mais, si pauvres que soient les Esquimaux ou les Lapons, ils peuvent encore, en venant au secours des naufragés, les empêcher de mourir de faim et de froid. Plusieurs navigateurs ont été sauvés par eux ; tandis que dans la mer polaire antarctique, on n'a vu jusqu'à présent que des côtes désertes ; encore ne peut-on dire avec certitude si toutes ces côtes sont de véritables terres ou seulement un prolongement des glaces accumulées autour du pôle.

L'opinion généralement répandue depuis longtemps parmi les savants est qu'il doit exister dans cette mer un continent qui fasse contre-poids aux terres arctiques, et les découvertes qu'on y a faites justifient cette idée.

En 1600, un capitaine hollandais, Théodore de Guérik, qui faisait partie d'une escadre destinée aux Indes orientales, fut entraîné fort loin vers le sud par une violente tempête. Vers le 60e degré de latitude, il aperçut dans cette mer, où nul n'avait encore pénétré, une côte, qu'il crut ne pouvoir mieux comparer qu'à celle de la Norwège.

On n'ajouta pas une foi entière à son récit ; mais en 1771, un officier français, M. de Kerguelen, reconnut dans cette même mer une grande île, à laquelle on donna son nom, et que les Anglais appellent l'île de la Désolation, quoique Kerguelen y ait trouvé, pour approvisionner son navire, beaucoup de phoques et diverses espèces d'oiseaux.

Quelques années plus tard, le capitaine Cook s'avança, avec des peines infinies, jusqu'au 70° de latitude sud ; il en revint avec la conviction que les glaces répandues dans ces mers inconnues devaient se former sur les côtes d'un continent austral d'une étendue considérable.

« Le danger qu'on court à y reconnaître une côte est si grand, dit-il dans la relation de son voyage, que j'ose dire que personne ne se hasardera jamais à aller plus loin que moi, et que les terres qui peuvent être au sud ne seront jamais reconnues. Les brumes y sont trop épaisses, les tourmentes de neige trop fréquentes, le froid trop aigu, tous les dangers de la navigation trop nombreux. L'aspect des côtes est plus horrible qu'on ne saurait l'imaginer. Ce pays est condamné par la nature à rester privé de soleil et enseveli sous d'éternels frimas.

Quels que soient les dangers qui menacent les navigateurs en s'approchant des glaces antarctiques, ces dangers n'effraient point les baleiniers. L'Ecossais James Weddel, l'un d'eux, acharné à la poursuite des phoques, en 1823, ayant trouvé entre les glaces une échancrure qui donnait accès dans une mer libre, s'y engagea résolument et put s'avancer plus loin qu'aucun des précédents navigateurs.

On parla beaucoup de ce passage découvert par Weddel, mais que Weddel lui-même n'eût pas retrouvé ; car c'était par un heureux hasard que les glaces ouvertes devant lui ne s'étaient pas refermées, avant que la saison trop avancée le forçât à quitter ces régions inhospitalières.

En Angleterre, en France, en Amérique, trois expéditions s'organisèrent à peu près en même temps.

Les Anglais confièrent le commandement de la leur à James Ross, neveu et lieutenant de John Ross, un des plus hardis explorateurs du pôle arctique, et rien ne fut négligé pour l'armement et l'approvisionnement des navires qui devaient faire cette dangereuse campagne.

L'expédition américaine, sous les ordres de Wilkes, et l'expédition française, dirigée par Dumont d'Urville, ne furent pas préparées avec la même sollicitude ; aussi les marins qui en faisaient partie eurent-ils à endurer des privations et des maladies auxquelles échappèrent les Anglais.

Wilkes fit preuve d'autant de hardiesse que d'habileté ; il explora les mers australes sur une vaste étendue et arriva plus près du pôle qu'aucun autre ne l'avait fait avant lui ; mais, trompé par d'épais brouillards, il crut apercevoir des côtes, où James Ross les chercha ensuite inutilement.

« Plus heureux, James, tournant le cercle antarctique, entra dans les glaces et trouva une terre réelle, dit Michelet. Il avoue, avec une remarquable modestie, qu'il dut ce succès uniquement au soin admirable avec lequel on avait préparé ses vaisseaux. L'*Erèbe* et la *Terreur*, de leurs fortes machines, de leur scie, de leur proue, de leur poitrail de fer, ouvrirent la ceinture de glaces, naviguèrent à travers la croûte grinçante, et au delà trouvèrent une mer libre, avec des phoques, des oiseaux, des baleines. Un volcan de 12,000 pieds, aussi haut que l'Etna, jetait des flammes. Nulle végétation, nul abord ; un granit escarpé où la neige ne tient même pas. C'est la terre, point de doute. L'Etna du pôle, qu'on a nommé l'Erèbe, reste là pour le témoigner. »

« Le 11 janvier 1841, à la latitude de 71° sud et à la longitude de 171° est, le continent antarctique fut aperçu pour la première fois, dit Mac-Cornick, chirurgien de l'expédition commandée par James Ross. Une chaîne de montagnes, aux sommets innombrables, réunis en groupes distincts et couverts de neiges éternelles, apparaissant au sud de la mer, resplendissait magnifiquement au soleil. Un pic, semblable à un immense cristal de quartz, s'élevait à la hauteur de 2,400 mètres ; un autre à 2,800 et un autre à 3,000 mètres. A côté des couches blanches de la glace, plusieurs coulées de lave et de basalte descendaient vers la côte, où elles se terminaient en promontoires abrupts.

« Le 28, à la latitude de 77° et à la longitude de 167°, on découvrit le mont Erebus, volcan enveloppé de glace et de neige, de la base au sommet, d'où s'échappait une colonne de fumée, qui s'étendait au-dessus d'un grand nombre d'autres cônes dont cette contrée extraordinaire est remplie. La hauteur de ce volcan au-dessus de la mer est de 4,000 mètres, et le mont Terror, cratère éteint, qui se trouve près de l'Erebus, atteint la hauteur un peu inférieure de 3,600 mètres. A sa base se trouve un cap d'où une barrière de glace s'étend vers l'ouest et empêche tout progrès vers le sud. Nous avons suivi ce rempart perpendiculaire sur une étendue de 300 milles. »

Cette falaise de glaces, qui avait soixante mètres de hauteur, et dont la profondeur semblait être de trois cents mètres, bordait une mer dont une ligne de sonde de sept cent cinquante mètres ne peut toucher le fond.

Ross donna aux deux volcans découverts sur cette terre les noms d'Erèbe et de Terreur, qui étaient ceux de ses navires, et à la chaîne de montagnes distinguée au loin vers le sud, celui de monts Parry.

Le capitaine français, Dumont d'Urville, qui s'était acquis une juste célébrité par un voyage de découvertes, pendant lequel il retrouva dans l'île de Wanikoro les traces du naufrage de la Pérouse, cherchées vainement jusque-là, reçut de Louis-Philippe le commandement d'une expédition qu'il devait diriger vers le pôle antarctique.

« J'aimerais mieux, dit-il alors, naviguer trois ans sous la zone torride que de passer deux mois dans les glaces polaires. »

Cependant il ne refusa pas la mission dont on le chargeait, et, quoique souffrant encore d'un accès de goutte, il se rendit à Toulon, pour surveiller l'armement des deux navires, l'*Astrolabe* et la *Zélée*, qu'on avait mis à sa disposition.

Les équipages de ces bâtiments, le voyant se promener lentement et pesamment sur les quais, furent fort étonnés lorsqu'ils apprirent que c'était là leur commandant.

— Oh! oh! dirent-ils entre eux, ce bonhomme ne nous mènera pas bien loin.

Le bonhomme, qui entendit ce propos ou auquel on le répéta, en rit dans sa barbe, et se promit bien de les mener plus loin qu'ils ne voudraient aller.

Sorties du port de Toulon le 1ᵉʳ septembre 1837, l'*Astrolabe* et la *Zélée* jouirent d'un temps à souhait jusqu'à leur entrée dans le détroit de Magellan. Alors seulement, Dumont d'Urville prit en réalité le commandement des deux frégates. La navigation à travers ce détroit, redouté des marins comme un passage des plus dangereux, dura vingt-sept jours, pendant lesquels le chef de l'expédition donna lui-même tous les ordres relatifs aux manœuvres et en surveilla l'accomplissement.

Doué d'une vue excellente et d'un parfait sang-froid, connaissant à fond la carte de ce détroit, qui sépare de la Terre de Feu la pointe méridionale de l'Amérique, il s'imposait cependant la plus exacte surveillance ; et quand il prenait quelques instants de repos, il exigeait qu'on vînt le prévenir des moindres variations du vent.

Il savait que dans la pénible expédition qu'il aurait à guider au milieu des glaces, il aurait besoin de l'entière confiance et de la prompte obéissance de son équipage, et il s'efforçait de l'habituer à des évolutions soudaines et imprévues.

Avant de sortir du détroit, l'*Astrolabe*, en passant près d'un îlot, toucha tout à coup. L'équipage, surpris, jeta un cri, et il y eut même quelques murmures. Le capitaine avait vu le danger aussi bien que personne. « Silence ! dit-il d'une voix haute et ferme. Ce n'est rien du tout. Vous en verrez bien d'autres. »

On gagna enfin la haute mer ; les matelots des deux navires, n'ayant plus à exécuter tant de manœuvres difficiles, aimaient à se les rappeler.

« Ce diable d'homme est enragé, disaient-ils entre eux. Il nous a fait raser les rochers, les écueils et la terre, comme s'il n'avait jamais fait dans sa vie d'autre navigation. »

Le 15 janvier 1838, les premières glaces furent aperçues, et plus on s'avança vers le sud, plus elles devinrent nombreuses et redoutables. Les marins des deux frégates se montrèrent vivement impressionnés par ce spectacle, et il fallut tout l'ascendant qu'avait pris leur commandant pour qu'aucun d'eux n'exprimât le regret de faire partie d'une si périlleuse expédition.

« C'est un monde nouveau, dont l'image se déploie aux regards de l'homme, dit Dumont d'Urville, mais un monde inerte, lugubre, silencieux, où tout le menace de l'anéantissement de ses facultés....

« Bien qu'il soit impossible de donner la description de cet étrange tableau à ceux qui ne l'ont point contemplé, essayons pourtant d'en retracer quelques traits.

« Jusques aux bornes de l'horizon, à l'est comme à l'ouest, s'étendait une plaine immense de blocs de glace, de toutes les formes, entassés et confusément enchevêtrés

les uns dans les autres, à peu près comme on les observe
à la surface d'un grand fleuve, quand arrive le moment
de la débâcle. Leur hauteur moyenne ne dépassait guère
quatre ou cinq mètres ; mais sur cette plaine glacée
surgissaient des blocs bien plus considérables, dont
quelques-uns atteignaient trente et quarante mètres
d'élévation et des dimensions proportionnées. Ceux-là
semblaient être les grands édifices d'une ville de marbre
blanc ou d'albâtre.

« Les bords de la banquise sont ordinairement bien
dessinés et taillés à pic, comme une muraille ; mais
quelquefois ils sont brisés, morcelés, et forment de petits
canaux peu profonds ou de petites criques où des embarcations pourraient naviguer, mais qui recevraient à peine
nos corvettes. Alors les glaces voisines, agitées et travail-
lées par les lames, sont dans un mouvement perpétuel qui
ne peut manquer d'amener à la longue leur destruction.

« La teinte habituelle des glaces est grisâtre, par
l'effet d'une brume presque permanente ; mais s'il arrive
qu'elle vienne à disparaître et que les rayons du soleil
puissent éclairer la scène, il en résulte des effets d'optique
vraiment merveilleux. On dirait une grande cité se
montrant au milieu des frimas. avec ses maisons, ses
palais, ses fortifications et ses clochers. Quelquefois
même on croirait avoir sous les yeux un joli village,
avec ses châteaux, ses arbres et ses bocages saupoudrés
de neige.

« Le silence le plus profond règne au milieu de ces plaines glacées, et la vie n'y est plus représentée que par quelques pétrels voltigeant sans bruit ou par des baleines dont le souffle, sourd et lugubre, vient seul rompre, par intervalles, cette désolante monotonie. »

Après avoir navigué entre ces énormes glaces flottantes, Dumont d'Urville se vit arrêté par la masse compacte de la banquise. Il chercha vainement un passage et se vit obligé de rétrograder. Il explora quelques îles, situées à trois degrés plus au nord ; puis, ne pouvant se décider à ne pas aller plus loin, du côté du pôle, il remit à la voile vers le sud et retrouva la banquise.

Les frégates longèrent pendant cinq jours cette falaise de glace ; le sixième elles y rencontrèrent une étroite ouverture, dans laquelle le commandant les fit entrer. Il espérait que ce passage s'élargirait bientôt assez pour qu'elles y pussent manœuvrer plus facilement, et qu'elle le conduirait à une mer libre, mais bientôt il le trouva fermé devant lui par la banquise. Il n'y avait qu'une chose à faire, donner l'ordre du retour. Cet ordre ne pouvait qu'être agréable aux matelots ; mais une pénible surprise les attendait. Quand ils voulurent sortir du canal, les glaces qui s'étaient rapprochées et soudées en bouchaient l'ouverture.

Le commandant, voyant leur consternation, les rassura, et, se servant de sa corvette comme d'un bélier, il attaqua les glaces qui lui parurent le moins solidement soudées.

Des fentes se produisirent ; on les élargit à l'aide de scies, de pics, de haches, et l'on se retrouva libre. La même chose arriva une seconde fois, et le danger fut évité par le même moyen ; mais une troisième fois, les efforts des équipages furent inutiles ; et si un vent plus doux n'eût rompu les murailles de glace qui les entouraient, personne n'eût échappé à la mort.

Dumont d'Urville regrettait vivement de ne pas aller plus loin ; mais le scorbut lui avait déjà enlevé deux hommes, et plusieurs autres en étaient atteints. Il reprit donc la route de l'Océanie, et gagna la terre de Van-Diémen, où il comptait laisser un peu de repos à ses équipages. Mais il apprit que l'Anglais Ross et l'Américain Wilkes se dirigeaient vers le pôle austral, et, laissant les malades à Hobart-Town, il reprit la mer, après avoir fait à la hâte réparer l'*Astrolabe* et la *Zélée*.

Il atteignit le 60° de latitude sud sans avoir rencontré une seule glace ; mais, à partir de ce point, elles se multiplièrent rapidement devant lui. Il naviguait depuis trois jours entre ces blocs flottants, lorsqu'il découvrit une côte recouverte d'une croûte de glace, et entrecoupée de canaux provenant de la fonte des neiges. Malgré les dangers qu'offrait l'approche de cette côte, entourée d'îles flottantes, il résolut de la reconnaître.

« Bientôt, dit-il, ces îles ne formèrent plus qu'une masse effrayante, divisée par des canaux étroits et sinueux. Toutefois, je n'hésitai pas à y diriger nos corvettes.

« C'était en passant à la base des falaises de glace que nous pouvions juger de la hauteur des glaçons flottants. Leurs murailles droites dépassaient nos mâtures ; elles surplombaient nos navires, dont les dimensions paraissaient ridiculement rétrécies. On aurait pu se croire dans les rues étroites d'une ville de géants. Au pied de ces immenses monuments, nous apercevions de vastes cavernes creusées par les flots qui s'y engouffraient avec fracas. Le soleil dardait ses rayons obliques sur d'immenses parvis de glace, semblables à du cristal. Il y avait là des effets d'ombre et de lumière vraiment magiques et saisissants. Du haut de ces montagnes s'élançaient à la mer de nombreux ruisseaux, alimentés par la fonte des neiges.

« Il nous arrivait souvent d'avoir devant nous deux glaçons tellement rapprochés, que nous perdions de vue la terre, vers laquelle nous nous dirigions. Nous n'apercevions alors que deux murs droits et menaçants, qui s'élevaient à nos côtés. Les commandements des officiers étaient répétés par divers échos produits par ces masses gigantesques, qui se renvoyaient de l'une à l'autre le son de la voix. Lorsque nos yeux se reportaient sur la *Zélée*, qui nous suivait à courte distance, elle nous paraissait si petite, sa mâture semblait si grêle, que nous ne pouvions nous défendre d'un sentiment de terreur. Pendant près d'une heure, nous ne vîmes autour de nous que des murailles verticales de glace. Enfin, nous arrivâmes dans

un vaste bassin, formé par la terre d'un côté et de
l'autre par la chaîne d'îles flottantes que nous venions de
traverser. »

Les officiers, montés sur des canots, s'approchèrent
de la côte et en prirent possession au nom de la France.
Ils arrachèrent quelques fragments de roches ; mais ils
ne purent emporter aucun échantillon du règne végétal,
la glace recouvrant partout un sol qui semblait
avoir été bouleversé par quelque violente commotion.

Dumont d'Urville donna à cette terre le nom d'Adélie,
qui était celui de sa femme.

Un peu plus au nord, il vit à l'horizon une autre terre,
qu'il appela côte Clarie ; puis, après avoir encore longé
la banquise, dans l'espoir d'y trouver un passage, il remit
à la voile pour Hobart-Town, où il avait laissé ses
malades. Les équipages y prirent quelques jours d'un
repos bien mérité ; puis les frégates, après avoir exploré
quelques îles situées au sud de l'Océanie, se dirigèrent
vers la France.

Outre la terre Adélie et la terre Clarie, le célèbre
navigateur avait découvert, au sud du Schetland austral,
la terre Louis-Philippe, hérissée de montagnes, dont les
principaux sommets ont reçu les noms d'Urville, de
Jacquinet et d'Haddington. Une petite île, située près de
cette côte, fut appelée l'Astrolabe, et une autre, beaucoup plus grande, île de Joinville.

L'expédition de Dumont d'Urville avait duré trente-huit

mois; elle lui avait imposé de si grandes fatigues, qu'il se sentait usé et comptait sur une fin prochaine. Toutefois la mort vint à lui plus terrible qu'il ne s'y attendait. Le 1ᵉʳ mai 1842, il revenait de Versailles à Paris en chemin de fer ; un des essieux de la locomotive se brisa, les wagons se précipitèrent sur cette masse ardente, et l'illustre navigateur périt dans les flammes, avec sa femme et son fils.

Depuis le triple voyage de Wilkes, de James Ross et de Dumont d'Urville, aucune expédition n'a été dirigée vers les glaces infranchissables du pôle antarctique.

FIN.

TABLE.

———

———

Rouen. — Imp. MÉGARD et Cⁱᵉ, rue Saint-Hilaire, 136.

www.ingramcontent.com/pod-product-compliance
Lightning Source LLC
Chambersburg PA
CBHW072100080426
42733CB00010B/2170